學校老師沒有教的36堂人生課

夏欣◆著

你永遠要記住，
要想別人把你當成一個英雄看，
那你首先就必須得是一個英雄。
要想成為一個真正的英雄，
你必須要先具有英雄的心。
手捧這本書的人
你必定是嚮往成功、不甘平凡的人，
請你大聲告訴自己：
我就是英雄！

心有所動即是勝利

有一天，當我們有能力控制風、浪、潮汐和重力的時候，上帝就會把愛交給我們駕駛。

到那時，就是人類歷史上第二次發現火的時候！

我們每個人從小就要受教育，但學校教育只是通向你的未來之路的手段，它既不意味著涵蓋一切，也不意味對你的人生打了百分百的包票。其實，你無法否認，生活中許許多多的真理是學校、老師無法教給你的，很多東西確實需要個人的歷練和體悟。而你也會發現，正是這些東西的價值往往超過了你十年寒窗苦讀的書本知識。從這個意義上講，這些是貫穿人生的主課、必修課。你無法逃避也無法投機取巧，假使你在這些課上不夠用心，那麼不及格的就不僅僅是你的成績單了，而是你真真切切的一生。

《學校老師沒有教的36堂人生課》就是要幫助各位體悟人生深刻的橫斷面，全力鍛造自己的人生，使之能推到更高一層的境界。本書的焦點乃是放在開放人生的大環境下，汲取生活中點點滴滴，包含各種改變人生的觀念和方法，它們的價值就必然珍貴。在此，我們就開始我們的人生之旅，讓我們體會最真實也最豐富的生存智慧，那是早已在你心中蘊藏而不自覺的資源，若不使用就太可惜了。你終會發現，當你心中若有所思，若有所動的時候，往往也就是你耕耘自我的開始。它就會賦予你獨有的權力和機會。

我更相信生命本身就是一篇連續的故事，所以本書從頭到尾充滿了很多故事，我很樂於說故事。我一直認為，只有動人的故事才能打動每個人的心扉。生命中的每一瞬間，過去的都將永不再來，人生的每一次經歷，都是生命中不可再得的體驗，懂得珍惜自己並不是一件容易的事。生活著、工作著、奮鬥著，總是美好的事情。唯有珍惜自己，才會創造出值得珍重的珍貴日子。

是什麼改變了你的人生？很多，當你看完本書，好好的想一想，做個小小的決定，人生就可能改變了許多地方；同樣的，去跟朋友一席談，聽聽錄音帶，看一場電影，參加一次討論，甚至碰上一些困難，這一切都能使你的人生擴展、成長。人生要過得有勁，就必須從心底覺醒，以積極的態度生活，即使遭遇任何困難，都要相信它在某些方面於你有幫助。最重要的是，要以永不停息的成長及學習作為人生的指標，歷久不變的打造內心世界。

你永遠要記住，要想別人把你當成一個英雄看，那你首先就必須得是一個英雄。

要想成為一個真正的英雄，毋庸置疑的你要先具有英雄的心。

古希臘的大哲學家蘇格拉底在臨終前有一個不小的遺憾——他多年的得力助手，居然在半年多的時間裡沒能給他尋找到一個最優秀的閉門弟子。

事情是這樣的：蘇格拉底在風燭殘年之際，知道自己時日不多了，就想考驗和點化一下他的那位平時看來很不錯的助手。他把助手叫到床前說：「我的蠟所剩不多了，得找另一根蠟接著點下去，你明白我的意思嗎？」

「明白，」那位助手趕忙說，「您的思想光輝是得很好地傳承下去。」

「可是，」蘇格拉底慢悠悠地說：「我需要一位最優秀的承傳者，他不但要有相當的智慧，還必須有充分的信心和非凡的勇氣，這樣的人選直到目前我還未見到，你幫我尋找和發掘一位好嗎？」

「好的、好的。」助手很溫順很尊重地說：「我一定竭盡全力地去尋找，以不辜負您的栽培和信任。」

蘇格拉底笑了笑，沒再說什麼。那位忠誠而勤奮的助手，不辭辛勞地透過各種管道開始四處尋找。可是他領來一位又一位，總被蘇格拉底一一婉言謝絕了。有一次，當那位助手再次無功而返地回到蘇格拉底病床前時，病入膏肓的蘇格拉底硬撐著坐起來，撫著那位助手的肩膀說：「真是辛苦你了，不

過，你找來的那些人，其實還不如你。」

「我一定加倍努力，」助手言辭懇切地說，「找遍城鄉各地、找遍五湖四海，我也要把最優秀的人選挖掘出來、舉薦給您。」

蘇格拉底笑笑，不再說話。半年之後，蘇格拉底眼看就要告別人世，最優秀的人選還是沒有眉目。助手非常慚愧，淚流滿面地坐在病床邊，語氣沈重地說：「我真對不起您，令您失望了！」

「失望的是我，對不起的卻是你自己，」蘇格拉底說到這裡，很失意地閉上眼睛，停頓了許久，才又不無哀怨地說：「本來，最優秀的就是你自己，只是你不敢相信自己，才把自己給忽略、給耽誤、給丟失了。其實，每個人都是最優秀的，差別就在於如何認識自己、如何發掘和重用自己。」話沒說完，一代哲人就永遠離開了他曾經深切關注著的這個世界。

那位助手非常懊惱，甚至後悔、自責了整個後半生。

手捧這本書的你必定是嚮往成功、不甘平庸一生的人，所以應該牢記：英雄就是你自己！

望梅方能止渴，豐碩的果實就在前方。還猶豫什麼，打開本書，一起來吧！

目錄

【序言】心有所動即是勝利

【第一篇】開啟你的能力，做出你的決定

知道自己有多麼偉大、多麼獨特、多麼獨一無二，這是最起碼的自知之明，可惜人們往往把「自知之明」這個成語的意思給誤解了。

1 相信自己，你能成就一切　012
2 成功根據一定的目標來衡量　020
3 目標要符合實際　028
4 目標要明確、簡潔　036
5 目標要超越現實　042
6 在實現目標的過程中要學會對目標進行分解，逐步實現　048

【第二篇】態度決定一切

我們這一代人最大的革命是發現了人們可以透過改變內心的態度來改變外在生活。

1 專心致志的重要性　056
2 堅持不懈，直到成功　064
3 選擇最直接的方法　070
4 要有規劃，立即採取行動吧！　076
5 發現自己的優勢　082
6 首先改變自己　088
7 學會從過去的失誤中學習　096

【第三篇】點一盞心燈，純淨靈魂的守護神

生命既在於運動，也在於寧靜。一朵悄悄開放的花，是一種美麗；一隻匆匆飛過的鳥，也是一種美麗。

1 時刻保持心態的平和 102
2 人生就是一場經歷，經歷越多的人，他的人生就越豐富 110
3 挫折是另一種形式的獎勵 116
4 如何對待正在遭受挫折的人 124
5 如果自己內心不平靜，那你的生活中就不可能真正平靜 130
6 樂觀開朗天地寬 136
7 對生活充滿熱情 142
8 建立從內心開始 150
9 做到真正的獨立 158
10 相信自己的直覺 164

【第四篇】親密無間，分享與關懷

沒有一個人可以不依靠別人而獨立生活，這本是一個需要互相扶持的社會，人與人之間良好相處，你就會發現原來四周有這麼多的朋友。在生命的道路上我們更需要和其他的肢體互相扶持，一起共同成長。

1 做自己最拿手的事情 172
2 利用別人的長處 178
3 分享一切 184
4 學會讚美別人 190
5 學會批評 198
6 跟自己的合作者統一目標 206
7 學會溝通 212

【第五篇】守候財富的黃金法則

當財富到來時，他們來得如此之快，如此之多，讓人不禁懷疑：過去那些年來，它們都躲到哪裡去了呢？

1 你學會理財了嗎？ 222
2 不要為金錢工作 228
3 讓金錢為你服務 236
4 最基本的投資原則 242
5 你處於哪個象限？ 248
6 為自己建立財富的管道 254

【結語】心動就要行動

第一篇

開啓你的能力，做出你的決定

1

相信自己，你能成就一切

活著是應該相信自己！

在雲和山的彼端，上帝召集眾天使，說：「人類越來越驕傲狂妄，我想懲罰一下他們，把成功的快樂藏起來，你們認為放在什麼地方最不容易被人類找到呢？」

大天使說：「藏在世間最高的山上吧！那裡有高峰險阻，人類是最不可能到達的。」

上帝說：「恐怕不行，人類終有一天會攀登到那裡取走它的。」

有個天使說：「那麼就放在海洋的深處，暗無天日，沒有人會想到成功放在那裡。」

上帝說：「人既然能夠戰勝高山的險峻，就必然會戰勝深邃的海洋，從那裡取走成功的。」

「那麼就放在人們自己的內心吧！」一個小天使怯怯的說。

「這怎麼行，離人類這麼近！」大家議論紛紛。

小天使定定神，壯了壯膽子說：「我是有很充足的理由的。因為人們總向外去尋找自己的成就感，而很少有人會想到在自己身上去挖掘幸福快樂的成功秘密。」

上帝露出了滿意的微笑：「好主意，就這麼辦吧。如果有一天人類能夠從自身尋找成功和幸福，也就說明他們可以重新審視自己，並且改掉了讓人無法忍受的陋習，得到成功也是順理成章了。」

這是西方世界流傳很廣的一個故事。其實它要告訴我們的不過是這樣一個簡單的事實：我們每個人都把自己繁華的未來、期待的人生偷偷地埋成了寶藏。只要你認識到這一點，肯用心去發掘，就一定會有屬於自己的成功和喜悅。「人之初，如玉璞。」每個人的人生不是注定平庸的，我們都是一塊渾然天成的美玉，只不過還不事雕琢罷了。

誰說不是這樣呢？你好好想想，為什麼古希臘德爾菲神廟的阿波羅神殿中，鐫刻著的一句永遠被人們奉為經典的人生箴言「認識你自己」？真的，我們對自己還太缺乏瞭解，我們總是過早的認定了自己的性格、能力、知識等等東西，卻沒有想到隨著時間的更替，我們一樣會有改變，一樣會有發展；也沒有想過你所自以為認識的自己是否只不過是一個短暫片段留給你的假象。蘇格拉底、柏拉圖等許多哲人就告訴我們真正認識如大海般深邃的自己是多麼困難。那麼，就請你好好收起你對自己並不真實的否定，逐步認識自己，逐步發現自己。

請你捫心自問：從小到大，我們每個人或多或少是不是都有過使自己成功快樂的經驗？無論是一場考試的得意，還是追求到心儀已久的女孩，又或者是你用心嘗試烹煮的飯菜得到了大家的認可和好評……這也就是說我們都有使自己獲得成就的能力，而且我們知道，科學已經證明人類只不過用了大腦潛能極少的部分，普通人才3％，就算是大人物也只是用了5％而已。毫無疑問，只要你有信心叫醒你大腦中常年沈睡的腦細胞，很多新的突破就會發生在你的身上。

◆給自己好的暗示

古語有云：「萬物皆備於我矣，反身而誠，樂莫大焉。」這也就是說，相信自己有能力或凡事皆有可能，是使自己成功快樂最有效的保證。從現代科學上來講，這是一種自我暗示產生的巨大能量。足以使你能夠取得不菲的成就。

心理學上很講究暗示自己產生的強大效果。也就是說，如果我們認為自己能行，可以達成某個目標，經常這樣提醒自己，久而久之就會把這種訊息傳送入大腦中儲存起來，結果就會潛移默化地產生利於我們的態度和效果。而反過來，如果你老是認為自己不行，那你可能真的將自己和成功封閉了。

貝普魯斯是當年美國職業棒球的全壘打大王，他也是舉世罕逢敵手的選手，他的一生留下不少傳說和佳話。其中最有名的是，在多次比賽時，他都曾指著中心方向說：「小心，我要從這裡打出一支全壘打。」結果他真的朝他所預告的地方打出了一支全壘打。不論貝普魯斯是怎麼樣的天才，他也不可能有百分之百的把握。但正因為他百分之百相信自己的能力，所以，就利用公開宣言的方式，以增強他內心的力量，藉以實現全壘打的成果。

事實上，當我們要完成某種目標時，不妨自言自語地宣揚你的信心，這樣可以增強效果，這種情形叫做宣揚效果。相信自己是你的人生走向成功的第一課，所以當然要對自己超然一些，出類一些，拔籌一些。

有句話說得好：「剎那的光輝誰說不可以永恆呢？要永恆看你怎麼選了。」自己相信自己，本身就是一種自我激勵和鞭策，它會使自己的理想和希望變成奮進的勇氣和激情，而這種精神動力是難以言喻的。這樣一來，在人生旅途中，不論是荊棘還是坦途，不論是讚揚還是責難，你都會義無反顧地堅持這個方向。正如英國政治家狄斯累利所說：「當一個人全心全意追求一個目標，甚至願意以生命為賭注時，他是所向無敵的。」

我們必須對自己的內心充滿信任，才能把成功的喜悅傳施給他人。不「信」任自己「心」靈力量的人，不懂愛護自己，就未必能推己及人，徒然耳聰目明，也不會有什麼成就；海倫・凱勒既盲且聾，但她「信」任自己的「心」靈力量，愛自己，而且推己及人，於是，她的心亮了、耳開了，創造了物質財富的同時也創造了心靈的財富。而且，她還為後人留下了一句發人深省的話語：「對於凌駕命運之神的人，信心是命運的主人。」對此，美國作家馬克・吐溫評價說，十九世紀中最值得一提的人物就是拿破崙和海倫・凱勒。

◆成功有什麼可怕

我國古代的孟子在小時候就曾充滿自信地說過：「人皆可以為堯舜。」而且他透過自己的親身經歷，最終證明了這個顛撲不破的道理，所以他成了後人敬仰的「亞聖」。其實，只要我們仔細來看看這句話的內容，就會明白這只不過是個簡單的道理，你就會覺得它是如此的親近和易於接受。這句名言蘊含的意思有四層：

一、每個人的立志精神都是沒有高低貴賤之分的。

二、人在社會上能夠發揮應有的作用。

三、任何人都具有成為賢人的潛質。

四、一個人的命運，或者說成龍變蟲，主動權其實都操在自己的手中。

現在明白了吧！是不是很簡單很容易理解？所以說，很多的時候我們只不過是在自己跟自己過不去，將自己現在勵志的茫然不知所措硬和別人功成名就的結果相比，當然會得出風馬牛不相及的結論，最後只能是自己嚇唬自己。許多人不相信自己能夠擁有傲人的成就，換句話說，這也是對成功的恐懼。它使他們拖延了成功所必須的準備以及創造的行為；而另一方面，為失敗所找出的合理解釋正好滿足了這種微妙的感覺：「如果你們也經歷我的遭遇，你們也不會有所進展的。」這也許是自己主動放棄一生中奏響華麗樂章的最好理由了。你都沒有開發你自己的寶藏，就盲目羨慕別人開發出來的財富，結果還說命運不公。當你退而結網，以自信的態度挖掘自身的潛力，你終會發現原來我也是這麼富有！沒有試過的事情就不要去瞎猜，現在沒有擁有的東西不代表它不存在，不代表你永遠不會擁有。因為人類本身就是一個謎，永遠都沒有謎底的謎！

再回頭想想一個事實吧！你之所以來到這個世界就是因為你自己不凡的特質，因為當初數十億個精子爭奪一個卵子才成就了你，所以，真正的勝利，並不是你能用任何武器爭取的，那一定要依靠自己，信任自己。無論多厲害的武器，也比不上你對自己的肯定。

◆捧自己在手心

你要相信：不管你的社會地位高低，天資如何，財產多少，或受過的教育怎樣，你都能夠——

成為自己所極為敬佩的那種人。

改變自己的環境。

不斷改進自己。

把熱情和幹勁完美結合起來。

讓你的日常生活充滿歡樂。

得到別人的尊重和肯定。

堅持不懈的發現自己的價值。

一個人只要有信心能成功，天下就絕對沒有不能解決的事情。荊軻、張騫他們敢孤身涉險，就正是因為他們相信自己。古往今來的大人物，能夠立大功成大事，也都是因為「自信」兩個字。若沒有這些對自己的肯定，誰知道這個世界會變成什麼樣的世界?!

「神仙本是凡人做，只為凡人不肯修。」

——馮夢龍

2 成功根據一定的目標來衡量

過去我們做活著的人，現在我們做生活的人。

◆從狐狸說起

有一隻狐狸想溜進一座葡萄園中大吃一頓，但是柵欄的空隙太小，牠過不去，在狠狠的節食了三天之後，牠總算可以溜進去了。但是當牠痛痛快快吃完之後，卻又鑽不出來了，只好在裡面又餓了三天，才出來。

黃鼠狼譏笑這隻狐狸，說：「忙來忙去，還是一場空嘛！」

狐狸卻帶著滿足的笑容說：「可是我達到了我的目的，嚐到了甜美的葡萄。我覺得值得。」

在我看來，狐狸付出了很多，但卻是一個成功者。因為「成功就是目標」。這是拿破崙．希爾的成功學經常引用的一句名言。我非常贊同這個定論，而且還想加上一點，成功就是你真正想要的目標。達到這樣的目標就是成功的標誌，其他均是這句話的注解。成功是實現人生目標的全過程。這個目標可以是小目標，也可以是大目標，可以是短期目標，也可以是長期目標，甚至可以是一個人終身所奮鬥的目標，當你實現了自己的目標，你就成功了。就像孔子在青年時代就樹立了一生牢不可破的志向：為宣揚中華文化而奮發讀書。經過不懈的努力和奮鬥，戰勝了許多的困難和險阻，他終於實現了這個偉大的理想，受到人們的敬仰。毫無疑問，他是一個成功者。

所以，你如果想成為一個成功人士，享受到成功的歡愉和快樂。你就要找出你認為成功的目標，並且透過不懈的努力去實現你的每一個理想。無論你心目中的成功意味著什麼，你都應當有一個根據自己的經歷形成的、打著你自己印記的並符合你自身情況的願望和目標。這是成功的必要條件。

這個道理很顯然，如果你眼睜睜的看著你每天的食物被別人搶走吃掉，你絕對不會高興，同樣，你的自主權被別人剝奪，你也不會高興。如果你不能決定你用來衡量成功的目標，你將失去人生太多的歡樂，盲目接受他人的成功範式和價值體系會使你成為一個拾人牙慧的失敗者。

有些人從來就不知道什麼是符合自己的成功，他們總是做一行怨一行，始終不能深入體驗生活的豐富和喜悅。而另一種人又過度追求外在的報酬與掌聲，只顧爭取別人的肯定，勉強自己去完成別人的期望，做不喜歡的事情，愛不愛的人，十分痛苦，難以說是成功。

◆成功＝目標

每個人一生的成功，應該包含「事業、金錢、感情、健康」四個方面的內容，這四個方面是構成人生舞台的四根台柱。而每個人的背景不同、遭遇各有差別，在這幾項的取捨上就必然有所差別，有人側重感情，有人偏愛事業。但是，唯有兼顧事業、家庭、人際關係、個人成長等人生其他層面的圓滿和諧才是真正的成功。確立你的目標而後全力以赴，即是我們所說的在正確的時間做正確的目標，並且把它做好。

為什麼太多人事業發達之時反而感到失落，得到名利之後方知失去的可貴？許多人在埋頭苦幹時尚未發掘自己的真實目標，只是為忙碌而忙著，未曾探明自己心靈深處的所欲所求，也不曾在萬籟俱寂時審視過自己的人生信條：你到底要做什麼？什麼是你生命中最重要的？你生活的重心是什麼？只有確立了符合自身價值觀的人生目標，才能凝聚意志力，直指核心，全力以赴且持之以恆地付諸實現，才有可能獲得源自內心的滿意。

◆朋友的故事

我有一位朋友，因為她很具藝術天分，是個天生從事演藝事業的料子，因此在十六歲時便參加了藝術學校的表演秀甄選。在她的想法裡，認為只要錄取就可達成她的「成功」。她真是不簡單，一路過關斬將，打敗了許多的競爭者，贏得了一紙錄取書。當她得知這個消息興奮的不得了，我和她的哥哥、朋友也都為她感到高興，並以她為榮，許多個時日她都是我們茶餘飯後的談話焦點，心想以後可能有機會在電視上看到她的表演。

然而藝校為她的表演練習安排得十分緊湊，除了週末之外還包括每天晚上，每次回家往往已是深夜，第二天早上還得趕到學校上課，造成睡眠不足，她經常怕睡過頭。這樣長時間的通勤使得她苦不堪言，更別提表演時還有無窮的麻煩，可以想像，沒多久她原先的那份熱情便冷了下來。

更糟糕的是，從我這個朋友的角度來看，她認為繁重的生活步調對於個人的私生活影響很大，使她沒有多餘的時間跟家人及朋友歡聚。朋友們都發現她的情緒低落的時間越來越頻繁，同時抱怨的次數也越來越多，跟以前留給人的印象完全不同。一天早上她哭著來找我，一臉的沮喪、不快和困頓，讓人不敢相信，她在表演上費的時間太多剝奪了與家人和朋友共聚和擴大知識的機會。

這使得她的內心十分矛盾，不知道如何是好。為了幫助她解開這個結，我陪她坐了下來，請她靜下心來把自己心中認為最重要的四條成功的價值標準寫下來，結果她寫下的分別是：親情、健康、成就感、成長。她告訴我一開始進入藝校是因為那是個成名的路徑，工作有趣並能得到掌聲，這讓她覺得很有成就感。

然而在半年之後，她不覺得這份工作有什麼成就感可言，因為她覺得沒有什麼成長的機會，而她認為可以做其他更有成就感的事情，可能成效會更大，最後她頹然的說：「我覺得心力交瘁，而且失去了我不想失去的東西。」

聽她這麼一說，我說道：「如果這樣想的話，不妨做做改變，看看會有什麼幫助？譬如暫時休學，就可以多陪陪家人，多四處走走轉轉，妳覺得是不是更喜歡呢？」她顯得有些豁然開朗了，笑著說：「好吧！就依你的意見，我很願意重獲自由，我得好好休息一下，好恢復以前匀稱的身材。」

她的話清楚地說明了她的下一步驟要怎麼做，在此之前她的痛苦十分明顯，會造成這種結果，是因為在進入藝校後她雖然有了成就感，但失去了親情和健康，對她的人生規劃而言，這是一種殘缺的成功，或者說並未徹底的成功。這種成功暫時給你一種滿足的感覺，時間一長，它的邊際效用就會遞減，屆時如果沒有更大的刺激，就會覺得不知所措。

朋友的這件事情只是一個平常的例子，這樣的例子在我們的生活中肯定還有許許多多。所要言明的不過是一件事情，在我們追求成功的時候，要適時致力於我們成功價值體系的各項，因為它們對我們的成功人生同樣重要，而且要知道，永遠會有方法可以使我們同時兼顧到所有的目標和價值，不要輕言放棄。要不然怎麼會常出現Win-Win的案例呢？

我們必須明白，確定並實現你人生中的各個目標很重要，成功的方向完全受控於個人目標的牽引，這是一股無形的力量，無時無刻都在讓我們做出何去何從的決定，最後也決定了我們的一生。這個道理適用於任何個體和群體。這些目標猶如是人生的指南針，指導著我們度過人生中的各種酸甜苦辣，一個能夠堅持自己目標的人，當他把自己所堅信的價值觀化為實際行動時，就能發出無比的力量，實現理想，從而成為一個勝利者。

現在就請好好想想上述的事實，適時排列出你心目中成功目標的序列。你要把成功當成是目標的集成，然後再用心去努力往前。Good luck！未來的成功者們！

3 目標要符合實際

知人智者，自知明者，勝人者有力，自勝者強。

中國北方有句俗語：「好吃不過餃子，舒服不過倒著！」意思是好吃的東西，沒有超過餃子的；最舒服的事，沒有什麼比得上睡大覺。睡夢提供我們另外一個世界，一個在實際生活中無法滿足，在那裡卻能達成的世界。所以作夢有舒緩精神緊張的作用。問題是，當我們在夢中神遊太虛時，身體還在這個世界，太虛畢竟不是實際。也就因為如此，當我們由美夢中醒來，是最痛苦的。喝酒的人也一定會有這樣的體會，有時藉酒澆愁，飄飄欲仙，胡思亂想，饞涎欲滴，但酒醒後頭部的劇痛卻常常讓人萌生了戒酒的念頭。

每個人都有過夢想，夢想可以非常美好，非常偉大，但是夢想不能替代目標。因為目標必須是合乎情理、合乎實際的。你可以夢想自己成為一個偉大的音樂家，但自身的生理條件中，聽覺卻非常糟糕，不論你如何用功，如何努力，畢

竟不會達到目的。

所以，夢想和實際之間的差距常常是我們苦惱的根源，因為從心理學上來講，太難和太容易的事，不具有挑戰性，也不會激發人的熱情行動。由此可見，你定的目標，首先必須使自己相信可以辦到，可以實現，可以帶來最大的效益，否則一切免談。因為不符合自身實際的事情你就不會相信，你就不會有動力去做，即使勉強去做，往往也會事與願違。

有這樣一個故事：

從前，有兩個饑餓的人，他們得到了一位長者的恩賜：一支魚竿和一簍鮮活碩大的魚。其中，一個人要了那簍魚，而另外一個人則要了那支魚竿，於是他們分道揚鑣。得到一簍魚的人原地未動，就用乾柴搭起篝火煮起了魚，他狼吞虎嚥，還沒有品出鮮魚的肉香，轉瞬間，連魚帶湯就被他吃了個精光，不久，他便餓死在空空的魚簍旁。另一個人則提著魚竿繼續忍饑挨餓，一步步艱難地向海邊走去，可是當他已經看到不遠處那片蔚藍的海洋時，他渾身的最後一點力氣也用盡了，他也只能眼巴巴地帶著無盡的遺憾撒手人間。

後來又有兩個饑餓的人，他們同樣得到了長者恩賜的一支魚竿和一簍魚。只是他們並沒有各奔東西，而是商定共同去找尋大海，他倆每次只煮一條魚，他們經過遙遠的長途跋涉，兩個人都活著來到了海邊，從此，兩人開始了捕魚為生的日子，幾年後，他們蓋起了房子，有了各自的家庭、子女，有了自己建造的漁船，過著幸福安康的生活。

這件事情告訴我們：一個人只顧眼前的利益，得到的終將是短暫的歡愉；一個人目標太過高遠也是徒勞，還是要面對現實的生活。只有把理想和現實有機結合起來，才有可能成為一個成功之人。有時候，一個簡單的道理，卻足以給人意味深長的生命啟示。

◆我們在夢想和現實之間盪鞦韆

你給自己定下目標之後，目標就在兩個方面發揮作用：它是努力的依據，也是對你的鞭策。目標必須是你可以看得著的一個射擊靶。隨著你的努力能夠實現這些目標，你就會有成就感。如果計劃不夠實際——無法透過努力去實現它——那就會降低你的積極性。

Why？因為向目標邁進是動力的源泉，如果你無法向自己預定的目標接近，你就會洩氣而放棄了。

實際的目標是對於所期望成就的事情的真正決心。目標不等於亂想，它等同於努力之後的實際，因為它可以實現。不符合實際的目標，不可能發生任何事情，也不可能採取任何步驟。如果一個人沒有這樣的目標，就只能在人生的旅途上奔走，永遠到不了任何地方。正如空氣對於生命一樣，實際的目標對於成功有絕對的必要。如果沒有空氣，沒有人能夠生存；同樣，如果沒有符合實際的目標，沒有任何人能成功。假如麻雀硬要學成像夜鶯那樣的美妙歌喉，你一定覺得這是天方夜譚；如果大白豬千方百計想去吻長頸鹿，牠一定搆不著嘴。所以，在你行動之前，對你想去一個地方首先要有個清楚度量才好，究竟自己目前的腳力能否到達？

當然，你必須瞭解，這裡講求目標要符合實際並不意味著平庸，也不意味著平常，更不是裹足不前。實際是基於現實的騰飛，就像是高樓大廈的堅實地基；更像是飛機衝上雲霄前的起飛跑道一樣，只是為了讓飛機獲得更加堅實更加有力的支援，飛得更遠更平穩。瞭解了這一點，你做任何事情就絕對不會是空中樓閣。

曾經有一句話：鐵棒磨成針。沒錯，因為鐵棒和針本質都是鐵，只要下了苦工鍛鍊，就一定可以達到目的。但是木頭棒子行嗎？如果不知道取捨，一味的趕鴨子上架，是不是也是徒勞無功呢？有些時候我們太過執著，結果鑽了牛角尖。撞了南牆不回頭，勇是勇了，可是那卻是讓人不堪的匹夫之勇。

惲壽平是清代最著名的畫家之一，據說他早期是畫山水的，立志成為山水畫的宗師。但是從見到王石穀之後，自以為山水畫不能超過王輝，於是改而專攻花卉，成為海內所宗。

在更早以前的唐代也有一位以畫火聞名的張南本，據說原來是與一位畫家孫位一起學畫水，也因為自認不能超過孫位而改習畫火，終於獨得其妙。假設這兩個人的目標不夠符合自身的實際，強要學畫山水學畫火，死抱定皇天不負苦心人的道理，還會給後人留下耐人尋味的藝術瑰寶嗎？

◆合腳的鞋子最舒服

同樣的道理，目標不符合實際，即是說目標過高，與你自身的理念不合，也可能由於目標過低。許多年前，有篇三百隻鯨魚突然死亡的報導。這些鯨魚在追逐沙丁魚，不知不覺被困在一個海灣裡。弗里德里克·布·哈里斯這樣說：「這些小魚把海上巨人引向死亡，鯨魚因為追逐小利而暴死，為了微不足道的目標而空耗了自己的巨大力量。」故事中的那些鯨魚，牠們有巨大的力量與潛能，但牠們把精力放在小事情上，而小事情使牠們忘記了自己本應做什麼。結果牠們非但沒有獲得食物，還白白喪失了性命。

這個道理說得明白一點，就是你必須要發揮潛力，必須全神貫注於自己有能力、並且會有高回報的方面。目標從實際出發，便能幫助你集中精力。另外，當你不停地朝著符合自身實際的目標努力時，你的這些能力會進一步發展。最終在達到目標時，你自己得到的東西會比你的期望值更多更好。不信就試試看！

還有一點對我們每一位都很重要，那就是實際生活是會改變的，而人也是會變的，世上惟一不改變的人，是埋在地底下的人。我們每一位都得順著時代的潮流，抓住社會的脈動，不斷地前進。如果一味地固執己意，不切合實際，將難以立身於世。

在此請你好好的想一想，並按順序考慮把下面這個問題答案寫下來。怎麼樣，是不是和剛開始泛泛的空想不一樣了？

我是一個什麼樣的人，處於什麼環境，我想達成怎樣的心願？

「人們往往不是懶惰，他們心中也有重大的目標——無法激勵自己的目標。」

——安東尼．羅賓斯

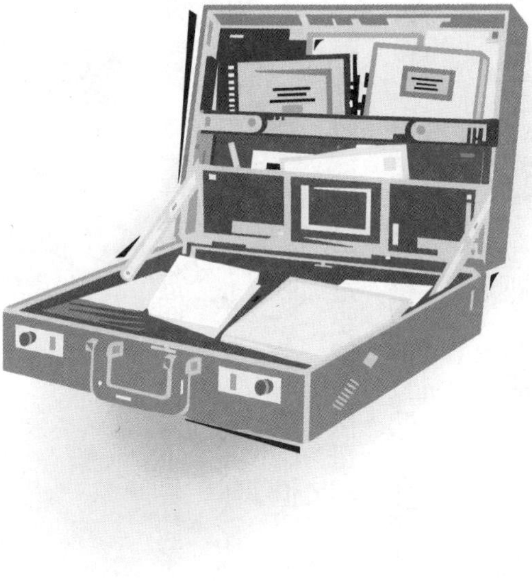

4 目標要明確、簡潔

以天藍作為你的終點，就要讓星辰先作為你的目標。

有人說，我將來長大要做一個偉人，這個目標太不具體了。就像我們以前寫作文，題目是「長大做什麼？」有的同學就說：「我長大了要做一個科學家。」這個目標就有點太不具體了，太籠統了。目標必須明確但不失簡潔。比如你想把英文學好，那麼你就訂一個目標，每天一定要背十個單詞或一篇文章，要求自己在一年之內能看懂英文書報，由於你定的目標很具體，並能按部就班去做，目標就容易達到。

心理學家曾經做過這樣一個試驗，他把人分成兩組，讓他們去跳高。兩組個子都差不多。對其中一組說：「你們能跳過六尺五寸。」而對另一組只說：「你們能跳得更高。」然後讓他們分別去跳。結果第一組由於有六尺五寸這樣的一個具體要求，他們每個人都跳得高，而第二組沒有具體的目標所以他們只跳過五尺

多一點，不是所有的人都跳過了六尺五寸，為什麼呢？就是因為第一組有一個明確的目標。由此可以看出目標是否明確的差別。

◆審視你的目標

無論你追求的目標是什麼，事業、金錢、愛情，健康等等，都要力求明確、簡潔。有標準、有數量，有實現目標的期限，不要訂立籠統、含糊的目標。

拿你的財富目標來說，今年希望財產達到多少，明年希望增加多少，後年呢？把你的目標記錄下來，寫成文字，不要模糊不清。如若心中只有籠統的金錢概念，空泛地說：「我需要很多很多錢」，那是沒有用的。說不定這些抽象的念頭正是造成你貧困的原因。

如果你想擁有一棟自己的房屋，就要確定這究竟應當是怎樣的一棟房子，多大？什麼結構的？你的目標應當很清楚地以細節表示出來。如果你不知道精確的細節，就要收集一些合你心意，並有房屋圖樣的廣告雜誌。或者向地產商諮詢參考。再比如你的健康計劃，你希望自己的壽命有多長，七十歲還是八十歲？你將採取哪些措施去實現長壽計劃，武術、跑步還是氣功？這些都要有明確的目標，你才能夠實行。

舉個例子來說，當你走到一家餐館中坐下，對服務生說：「我等一會兒要吃菜，麻煩你給我上來。」服務生會茫然不知所措，他一定會再問你究竟什麼時候上什麼菜。如果你不這樣做，他就無法採取任何行動。同樣，如果你不告訴自己明確的目標和步驟，你也無法做出任何有益成功的事情來。

明確目標之後，你對於特定領域的領悟能力以及在此領域中的執行能力都將提高，你會更加密集準確的將力量用在一點上，這會深深影響你一生的成就。而且將會替你培養出能夠迅速做成決定的習慣，而這種習慣對你所有的工作都有很大的幫助。假如說你確定自己將來要做一個中學語文教師，那麼就會對自己進行不斷的暗示，直至這個決定在你的大腦中植根。而你現在所有的精力都將集中在這個領域，你會不斷注意這個學校的動態，逐步提高自己的語文能力，練習上課的言語強調等等。而且，當你有了明確的任務時，你就可以做出適當的金錢預算，並安排在相應的方面。此外，一旦這個學校有了招聘這一類的舉動，你會有更高的警覺性——因為你一直都在關注它，所以對機會就不容易錯過。

二十世紀初，成功學之父拿破崙·希爾曾經對美國各行各業的一萬六千人做了追蹤調查，進一步得出了這個十分深刻而又富有啟迪意義的結論：成功人士對於人生都有一個明確的目標。

旅行的人都有過這種體會：有了地圖和指南針仍然會無可奈何迷失方向，而只有當你明確了指南針上的第五點——即你現在所處的位置時，地圖和指南針才能發揮作用。同樣的道理，只有當一個人有了明確的目標，他才能發揮出爆炸性的力量。因為過去你的價值觀都是受潛意識的支配，現在你已有能力去瞭解它，並且能把它引向積極的方向。

◆不做沒有明確目標的毛毛蟲

目標要明確、簡潔，更好的例子是法國生物學家亨利・法布林所做的一項研究。他研究的是巡遊毛蟲。這些毛蟲在樹上排成長長的隊伍前進，有一隻帶頭，其餘跟著，法布林把一組毛蟲放在一個大花盆的邊上，使牠們首尾相接，排成一個圓形。這些毛蟲開始動了，像一個長長的遊行隊伍，沒有頭，也沒有尾。法布林在毛蟲隊伍旁邊擺了一些食物，這些毛蟲要想吃到食物就要解散隊伍，不再一隻接一隻前進。法布林預料，毛蟲很快會厭倦這種毫無用處的爬行而轉向食物。

可是毛蟲沒有這樣做，出於本能，毛蟲沿著花盆邊一直以同樣的速度走了七天七夜。牠們一直會走到餓死為止。這些毛蟲遵守著牠們的本能、習慣、傳統、先例、過去的經驗、慣例，或者隨便你叫它什麼好了。牠們活的時候很賣力，但毫無成果。許多不成功者就跟這些毛蟲差不多，他們沒有明確的目的，不知道確切應當去做的下一步，而自以為忙碌就是成就，幹活本身就是成功。

你可以在任何一個地方上攔住一百個人，問每一個說：「你正在做些什麼來保證你的一生呢？」他們弄清意思之後，可能會說：「你的意思是什麼？我是為成功而工作的。」很可悲，他們大多認為自己的目標已經很充分了。而一個人的行為總是與他意識中的主要思想互相配合，這已是大家公認的一項心理學原則。所以這個世界上有很多人心比天高卻最終只能感嘆命比紙薄。

有一位妻子叫他丈夫到商店買火腿。買回來，妻子就問他為什麼不叫肉販把火腿末端切下來。丈夫反問他太太為什麼要把末端切下來。她說她母親就是這麼做的，這就是理由。這時，岳母正好來訪，他們就問她為什麼總是切下火腿的末端。母親回答說她母親也是這樣。然後母親、女兒、女婿就決定去拜訪外祖母，來解決這個三代的神秘之謎。外祖母很快地回答說，她所以切下末端是因為當時的紅燒烤爐太小，無法烤出整隻火腿的緣故。現在外祖母有行動的好理由了，那你呢？你做任何事都有你的理由嗎？在你的一生中，你有過「明確的目標嗎？」你的目標是簡明、空泛，還是大而化之的呢？在行動之前，請再於目標這個問題上花些功夫吧！好好檢視一遍你的目標，你今後的行動就會更加得心應手的。

選一個最熱的天氣，找一支最大的放大鏡以及一些報紙，把放大鏡拿來放在報紙上，離報紙有一段小距離。如果放大鏡是移動的話永遠也無法點燃報紙。然而放大鏡不動，你把焦點對準報紙，就能利用太陽的威力，這時紙就會燃燒起來。有了簡潔而明確的人生目標的人，也就像是焦點已經對準報紙的放大鏡，當然就會有熊熊燃燒的成功希望了！

還等什麼呢？把你的目標適當地寫在一張或多張卡片上。你要把它寫得清清楚楚，以便於你閱讀每一行中的每一個字。將這些卡片保護好，並隨時把這些目標帶在身邊。每天都要複習這些目標。請記住：任何時候任何地方，我們有所打算的時候，就請以這些目標的制定為榜樣，儘量簡潔、明確。然後開始按部就班的行動。為了取得行動的勇氣，請衝破介於你和目標之間的種種不確定與麻煩吧！

5 目標要超越現實

取法乎上，僅得於中；取法乎中，僅得於下。

不知道你有沒有看到過天空中的風箏，你有沒有親自放過風箏的體驗？相信你會瞭解，風箏之所以能夠飛得高而遠，就在於它擁有粗實而悠長的線繩。每個人的目標既要有符合實際的一面，又要具有對現實的超越。只因為目標就和天上的飄過的風箏一樣，不僅要基於實際的厚重，又要有超越現實的適度豪邁。

◆目標也會打折扣

每當人們聽說某某商店打折的時候，總是禁不住心頭的狂喜，蜂擁而至，很多人都為那可以討價還價的折扣而甘願口乾舌燥。毫無疑問，折扣是多麼誘人的事物。可是，有些時候由於折扣的存在，我們卻不得不準備更多的資源和經歷去完成一件事情。就拿輸送電力來說，每年消耗在傳輸中的能量作為折扣不是一種很大的浪費嗎？同樣的道理，我們的目標隨時隨地都可能受到折扣的威脅，這成了我們超越現實的一個被動原因。

但是很多成功的人士還在主動的追求高遠的目標，這又是為什麼？

相信你會有這樣的體會：當你確定只走一公里路的目標，在完成0．八公里時，會有可能感覺到累而鬆懈自己，以為反正快到目標了。但如果你的目標是要走十公里路程，你便會做好思想準備和其他準備，調動各方面的潛在力量，這樣走七、八公里才可能會稍微放鬆一點。可見設定一個遠大的目標，可以發揮人的很大潛能。假如你現在是一個成績還不錯的學生，而你所訂的志願卻僅僅是順利畢業，那未免是一種停滯不前的表現，很顯然，這種想法或者說願望也根本不能稱之為目標和理想。因為這根本就是現實，你不去多想不去多做就擺在你面前的事實，你還怎麼奮鬥？你還奮鬥什麼？

所以，世人歷來最敬仰的是目標遠大的人，其他人無法與他們相比——貝多芬的交響樂、亞當・斯密的《原富》，以及人們贊同的任何人類精神產物，你熱愛他們，因為你說，這些東西不是做出來的，而是他們的宏偉發現。成功人士都是這樣取得成功的。奧運金牌得主不光靠他們的運動技術，而且還靠遠大的目標的推動力，商界領袖也一樣。遠大的目標就是推動人們前進的夢想。隨著這夢想的實現，你會明白成功的要素是什麼。沒有遠大的目標，人生就沒有瞄準和射擊的目標，就沒有更崇高的使命能給你希望。

因為你要解決遠大的目標，為很多人服務，獲得更大的人生價值，你就得要有大本事，要有很多知識、技能，有時甚至要超越個人的得失，做出某些巨大的付出。在這一過程中你逐漸變得有超乎常人的見識、能力、胸懷寬廣、大公無私，以你獨有的方式為一切你認為應該的進步服務。當這種服務取得成效後，自然能得到社會和大家的認可與尊敬，你就會逐漸變得偉大。

遺憾的是，大多數人追求的目標只是在於如何償付每月煩人的帳單等這類的問題，每當水錶的轉速過快，他的面部表情似乎就會痛不欲生。當一個人處於這樣的心境就根本談不上人生目標了。我們要記住，有什麼樣的目標就有什麼樣的人生，有一句俗語可以很好的說明這個道理：種瓜得瓜，種豆得豆。目標對於我們的人生來說就像是撒在園中的種子，如果我們不留意，有一天野草就會叢生。如果我們期望潛能得以充分發揮，那麼就請你訂下一個寬廣的目標，相信你在向它挑戰的時候會發現無窮的機會。

◆遠大目標改變人生

我永遠忘不了一則真實的事蹟，主人翁是生長於美國舊金山貧民區的小孩，從小因為營養不良而患上了軟骨症，在六歲的時候雙腿變形成弓字，而小腿更是萎縮了。然而在他幼小的心靈中一直藏著一個沒人相信的夢想，除了他自己。就是有一天他能夠成為一名橄欖球員。他是傳奇人物吉姆・布朗的球迷，每當吉姆在舊金山比賽的時候，他都不顧雙腿的不便，一瘸一拐的到球場為他的偶像加油。由於他窮得買不起票，所以只有等到全場比賽快結束的時候才得以從工作人員打開的大門中溜進去，欣賞最後幾分鐘的比賽。

十三歲時，有一次在看完吉姆的比賽後，他終於有機會和心中的偶像來了一次面對面地交流，他大聲說：「吉姆，我是你最忠實的球迷！」吉姆和氣的道謝。這個小孩接著又說道：「你知道一件事情嗎？」吉姆轉過身來問：「小朋友，你說的是什麼呢？」小孩一臉倔強，挺起胸膛說道：「我記得你所創下的每一項記錄，有一天我要打破它們。」

聽完這些話，吉姆微笑著說：「好大的口氣，孩子，你叫什麼名字？」小男孩滿足的笑了：「奧倫索。」

奧倫索日後的確像他從前所說的那樣打破了吉姆・布朗創下的所有記錄，而且更創造了一些新的記錄。何以目標能讓一個弱不禁風的孩子迸發出令人難以想像的能力，改寫了他的命運，使他成為一個傳奇人物？目標會導引你的一切想法，而你的想法決定了你的人生。有了一定難度的目標，內心的力量才會找到方向。隨著謹小慎微目標的漂蕩終歸會迷路，而你心中那座無價的金礦，也因不開採而與平凡的塵土無異。

十年前，Nvidia的總裁黃仁勳和兩位好友一起創辦公司，當時，他們的專長在於視覺處理技術上，看到視覺在電腦的應用一直增加，但處理視覺技術的繪圖晶片價格卻是一路殺低，黃仁勳非常矛盾，「有客戶跟我說，你的產品再好，只要超過七塊美金，我就去買別家的，但我心裡想：抱歉，我不賣七塊美元的產品，我就要賣四十塊美元的產品。」

繪圖晶片是矽谷殺戮最激烈的產業之一，每一代勝負關鍵在於掌握市場規格，不全然是技術能力。但黃仁勳堅持高性能高價格的策略，到了一九九八年終於奏效。多年的媳婦熬成婆，這大概是一種對於自我高遠目標的堅持和承諾所贏得的回報吧！

為自己樹立超越現實的目標，就像是在你人生的路上樹立了更具光明的燈塔，它會一直引導你到達勝利和成功的彼岸。

拿破崙就是藉助於這個方法，使自己從科西嘉島上的貧窮低微的普通人，最後成為法國的獨裁君主。愛迪生也是藉助於這同樣的方法，使自己從一位低微的賣報生，變成世界上最偉大的發明家。林肯也是藉助於這樣的方法，從肯塔基山區一棟小木屋跨越了一道寬廣的鴻溝，最後成為美國總統。羅福斯更是藉助於這相同的方法，使他自己成為美國最有成就的總統之一。

這一切正如柯提斯說過：「會成為什麼樣的人，會有什麼樣的成就，就在於先作什麼樣的夢。」那麼，親愛的朋友，請展開夢想的翅膀吧！

6 在實現目標的過程中要學會對目標進行分解，逐步實現

路要一步步地走，事要一件件地做。

一只新組裝好的小鐘放在兩只舊鐘當中。兩只舊鐘「嘀嗒」、「嘀嗒」一分一秒地走著。

其中一只舊鐘對小鐘說：「來吧！你也該開始工作了。可是我擔心你在走完三千二百萬次之後，恐怕吃不消了。」

「天哪！三千二百萬次！」小鐘吃驚不已。「要我做這麼大的事？辦不到，辦不到。」

另一只舊鐘說：「別聽他胡說八道。不用害怕，你只要每秒鐘滴答擺一下就行了。」

「天下哪有這樣簡單的事？」小鐘半信半疑，「如果是這樣，我就

試試吧！」

小鐘很輕鬆地每秒鐘「嘀嗒」擺一下，不知不覺中，一年過去了，它真的擺了三千二百萬次。

每個人都渴望夢想成真，但遠大的目標似乎遠在天邊遙不可及，倦怠和惰性讓我們懷疑自己的能力，放棄努力。其實，我們只要想著今天我要做些什麼，明天我該做些什麼，後天我想做些什麼，然後努力去完成每一步的任務，就像那只鐘一樣，每秒「嘀嗒」擺一下，勝利的喜悅就會慢慢浸潤我們的生命。

所以，當你設定好遠大、明確並且符合實際的目標的時候，只不過才成功了一半，你必須在心裡不斷看見自己完成設定的目標，才會使你更有成就感，更有毅力堅持把事情做完，更有把握達成目標。比如建造房屋，經驗不足時，先蓋小房子，有蓋小房子成功的經驗，便可超出常規蓋大房子，再蓋摩天大廈。如果完全沒有蓋中小房子的經驗，卻突然要制訂蓋大房子的目標，這就不會實現可行了。當然，長期停留在蓋小房子的水平上，就沒有激勵價值，也就談不上成功與卓越。

◆分解漫長的馬拉松

體育世界中一直流傳著這樣一個很有名的故事：一九八四年，在東京國際馬拉松邀請賽中，名不見經傳的日本選手山田本一出人意外地奪得了世界冠軍。當記者問他憑什麼取得如此驚人的成績時，他說了這麼一句話：憑智慧戰勝對手。當時許多人都認為這個偶然跑到前面的矮個子選手是在故弄玄虛。馬拉松賽是體力和耐力的運動，只要身體素質好又有耐性就有望奪冠，爆發力和速度都還在其次，說用智慧取勝確實有點勉強。

兩年後，義大利國際馬拉松邀請賽在義大利北部城市米蘭舉行，山田本一代表日本參加比賽。這一次，他又獲得了世界冠軍。記者又請他談談經驗。山田本一性情木訥，不善言談，回答的仍是上次那句話：用智慧戰勝對手。這回記者在報紙上沒再挖苦他，但對他所謂的智慧迷惑不解。

十年後，這個謎終於被解開了，他在自傳中是這麼說的：「每次比賽之前，我都要乘車把比賽的路線仔細地看一遍，並把沿途比較醒目的標誌畫下來，比如第一個標誌是銀行；第二個標誌是一棵大樹；第三個標誌是一棟紅房子……這樣一直畫到賽程的終點。比賽開始後，我就以百公尺的速度奮力地向第一個目標衝去，等到達第一個目標後，我又以同樣的速度向第二個目標衝去。四十多公里的賽程，就被我分解成這麼幾個小目標輕鬆地跑完了。起初，我並不懂得這樣的道理，我把我的目標定在四十多公里外終點線上的那面旗幟上，結果我跑到十幾公里時就疲憊不堪了，我被前面那段遙遠的路程給嚇倒了。」

的確，在現實中，我們做事之所以會半途而廢，這其中的原因，往往不是因為難度較大，而是覺得成功離我們較遠，確切地說，我們不因為失敗而放棄，而是因為沒有新鮮而失敗。這是生命中的一條經驗，你與你的目標之間無論有怎樣遙遠的距離，都不要擔心。把你的精神常常集中在幾個標誌間的短短距離，別讓那遙遠的未來使你煩悶異常。常常注意於未來二十四小時內使你覺得有趣的小玩意兒吧！你會發現每天你都是那麼精神，那麼富有活力與激情，而在不知不覺中你已經發現自己居然已經到達目標了！

對於偉大的目標，你不僅需要知道應該對它分解，而且應該清楚怎樣進行分解。不同的組合有不同的效果，不同的順序也會有不同的影響。想必你會努力成為一個高效率的人吧！

◆一點一滴成江河

有這樣一個實驗，教授在桌子上放了一個裝水的罐子。然後又從桌子下面拿出一些正好可以從罐口放進罐子裡的「鵝卵石」。當教授把石塊放完後問他的學生道：「你們說這罐子是不是滿的？」

「是。」所有的學生異口同聲地回答說。

「真的嗎？」教授笑著問。然後再從桌底下拿出一袋碎石子，把碎石子從罐口倒下去，搖一搖，再加一些，再問學生：「你們說，這罐子現在是不是滿的？」

這回學生不敢回答得太快。最後班上有位學生怯生生地細聲回答道：「也許沒滿。」

「很好！」教授說完後，又從桌下拿出一袋沙子，慢慢的倒進罐子裡。倒完後，於是再問班上的學生：「現在你們再告訴我，這個罐子是滿的呢？還是沒滿？」

「沒有滿，」全班同學這下學乖了，大家很有信心地回答說。

「好極了！」教授再一次稱讚這些學生。稱讚完了後，教授從桌底下拿出一大瓶水，把水倒在看起來已經被鵝卵石、小碎石、沙子填滿了的罐子。

然後教授頓了頓，微笑道：「我想告訴各位最重要的資訊是，如果你不先將大的鵝卵石放進罐子裡去，你也許以後永遠沒機會把它們再放進去了。」

對於生活中形形色色的目標都可以按重要性和緊急性的不同組合確定處理的先後順序。做到鵝卵石、碎石子、沙子、水都能放到罐子裡去。

對於人生大目標中出現的情況也應如此處理。也就是平常所說的「到哪山砍哪柴」，否則，時過境遷，到了另一個環境就很難有機會補救。其實道理很簡單，就是分段實現目標的時候要先易後難，先近後遠。

你要明白，成大事者千萬不能著急，要一步一步踏踏實實的做事情。萬丈高樓平地起，成就你人生中的目標並不像急流般的尼加拉瀑布那樣傾瀉而下，而是要緩慢的一點一滴。

第二篇

態度決定一切

1 專心致志的重要性

智慧不與經驗的多寡成比例，而與對專心的領悟程度成比例。

我們先來看一組資訊：

雷格萊專心於生產及製造一種價廉物美的口香糖，結果使他成為億萬富翁。

愛迪生專注於研究自然法則的工作，並努力貢獻出比其他人更多、更有用的發明。

威爾遜致力於問鼎白宮長達二十五年之久，最後終於成為白宮的主人。

林肯致力於解放黑奴，並因此而成為美國最偉大的總統。

洛克菲勒專心於石油行業，最後他成為當時全世界最富有的人。

福特集中精力生產廉價小汽車，結果他成為美國有史以來最富有及最有權勢的人物。

吉列致力於生產安全刮鬍刀片，使全世界的男人都能把臉刮得「乾乾淨淨」，也使自己成為一名大富翁。

伊斯特致力於生產柯達小照相機，為他賺進數不清的金錢，也為全球數百萬人口帶來無比的樂趣。

派特森專心於發展及生產收銀機，使人們大感方便，結果自己也成為一名富翁。

希特勒專心於發動戰爭，攪得全球不安，我們絕不可忘了這項事實。

福烈茲曼專心於生產低微的小小酵母餅，結果行銷全球。

菲爾德專注於成立世界上最大的零售連鎖店，結果成功了。

萊特兄弟專心於發明飛機，結果征服了天空。

普爾曼專心於開發臥車車廂，結果這個念頭使他致富，也使人們獲得舒適的旅行。

這些人都曾是名噪一時的成功者，他們的共同點相信你已經發現，那就是專心！古往今來，凡是有成就的人，都很注意把精力用在一個目標上，專心致志，集中突破。這是他們賴以成功的好習慣。歷史上有不少人的才華被埋沒，除了其他的原因之外，沒有定下心神，東一榔頭，西一棒子。就如同小猴子掰包穀一樣。這不能不是一個重要的原因。

牛頓為什麼能夠發現「萬有引力定律」？用他自己的話說：「我一直在想著這件事。」成功者的目光始終集中在他們的目標上，他們經常在向目標奮鬥的過程中時刻提醒自己集中精力，專心不二。

對於每一個追求成功的人士來說，在確定明確目標之後，你就已選好你的注意力應該集中的物件了。專心致志、集中注意力是協調所有思想能力，並且引導它們的共同力量為一個既定目標努力的過程，它一方面是其他多項成功法則的自然產物，而另一方面也是它們的重要輔助工具，它們的結合便促成了你的成功。

黃仁勳全力致於圖形處理晶片的研究開發。他把全部的精力和資源都放在製造更好的晶片上，致使Navida在十年的時間裡取得了巨大的成功，成為該領域內執牛耳的東家。而之所以取得這樣的成就，就是因為黃仁勳和公司同仁的專注精神，他們並不分心去做其他方面（例如軟體）的事情。

布魯斯特專心致力於一件單一的工作：創作一系列名為《追憶過去》的小說，而心無旁騖，恰恰就是這份專注，使他成為二十世紀的主要小說家之一。

由此可見，無論你從事什麼性質的行業，你都必須專心投入到你既定的目標上去。專心致志會將你的明確目標印刻到你的意識上，並一直留在那裡，直到被具體的行動實現為止。

◆提醒自己專心永遠不是多餘

就我記憶所及，從小到大，父母和老師都在告訴我們做事情要有專心致志，一絲不苟的態度。對於各式各樣的任務都應該全心的投入，這樣才有成功的最大可能。這些耳熟能詳的東西，是否還有必要再說呢？其實，翻開我們的生活就會發現，越是熟悉的事物我們就越是熟視無睹。這幾乎都成了我們的通病了。正如點燃一支蠟燭，別以為最亮的地方一定是最靠近它的地方，相反，由於它的影子使得某塊近於它的空間變得昏暗了。這就是所謂的「燈下黑」。

所以，在人生的道路上，我們的確有必要經常提醒自己這個重要的原則，這個我們從小就學習，一直到老都不應該放手的人生態度——專心致志。

弈秋是古代有名的棋手，有兩個人慕名而來，同時拜他為師。弈秋一心想把自己的棋藝傳授給他們，講課特別認真。一個學生專心致志地聽他講課。另一個學生表面上也在認真地聽課，而實際上思想很不集中。他看到大雁從窗外飛過，甚至聯想到要吃天鵝肉……

弈秋講完課，就叫兩人對弈。學生根據老師的要求，就對弈起來。開局不久，就見分曉：一個從容不迫地能攻能守，一個手忙腳亂地應付。弈秋一看，兩人的棋藝相差懸殊。他語重心長地對兩個學生說：「雖然下棋只是一種小小的技藝，算不得什麼大本事，但不專心致志地學習，也是學不好的啊！」

人的思想中經常有些模糊不清的概念，最好培養自己專心致志的態度，這樣可避免你以後誤入空想和對事業無所追求的趨向。你無法否認，專心致志使你能從最不經意的言談中得到啟示，然後撲上去抓住機會。

哈佛大學的一項研究顯示，成功、成就、升遷等等原因的之八十五是因為我們的專注，而僅有百分之十五是由於我們的專門技術（事實）。簡單地說，這意味著我們花費百分之九十的教育時間與金錢，來學習百分之十五的成功機會；而僅有百分之十的時間與金錢來學習百分之八十五的成功機會。

◆心無旁騖就是最大的享受

時常聽到別人說，一個人想爬到巔峰需要很多犧牲。然而，隨著不斷的成長，我開始知道大部分正爬向高峰的人，並不是在付出代價。他們努力工作是因為他們真正在享受工作。任何行業的高級人士都是完全投入正在做的事情，專心致志，拼命苦幹，衷心喜愛從事的工作，這自然也就成功了。他們選擇需要時間的工作，表面上看他們佔有工作，其實，是工作佔有了他們。換句話說，他們投入了一種非常巧妙的專注，時常能將單調而辛苦的工作變成單純的喜悅。這就是我一直強調專心致志的態度非常重要的理由。

在做事情之前，你首先要具備這樣的態度，如果你還不相信，不妨看看那些大家公認成功的人士，不管在政治、商業、法律、藝術、體育、宗教或人際關係，到底是什麼人生態度把他們推上了個人成就的巔峰？又是什麼因素讓貝利在多年的足球生涯中屢戰屢勝？又是什麼讓安德魯韋伯的音樂那麼扣人心弦？

這些人在他們的事業上之所以取得如此高的成就，歸結起來只有一點，那就是他們對待一切事物都是聚精會神的。貝利多年以來一直鑽研足球技巧、戰術，不斷利用比賽磨練自己。韋伯則常年浸淫於音樂旋律的編寫，因而能深深打動人們的內心。

成功之人的態度必然不同於一般人，也就是因為他們領悟到了人們所熟視無睹的專注，才使得他們獲得了成功的結果。

專心致志的態度不是只能用於學習、寫作或者工作，它也能用之於你的飲食等生活方式，因而決定了你的壽命長短和身體健康以及其他。目標是我們一切活動的基礎，它始終指引著我們做出應有的選擇，來達成我們所追求、想要的東西。這句話說來容易，然而追求目標的過程卻頗為複雜，很難讓人有效掌握。你如果沒有百分之百的專注和投入，幸運女神又怎會眷顧你呢？

2 堅持不懈，直到成功

播下一個行動，你將收穫一種習慣；播下一種習慣，你將收穫一種性格；播下一種性格，你將收穫一種命運。

《蝙蝠俠》這部片子的拍攝版權在一九七九年就被戈柏和彼得斯二人買下，但是到了一九八八年，他們才開始正式拍攝，在此十年之中，這部影片多次可能夭折，許多片廠主管都認為這部片子毫無市場，但是戈柏和彼得斯不畏風險困難，堅持完成了這部電影，其賣座高居電影史上的冠軍寶座，與其相關的其他商品，賣出高達十億美金以上的金額。

使你成功的東西，並不只是能力，只有把堅持和努力的特質與之綜合起來成為本性時，你才可以得到最後的勝利。相反，如果你擁有完成目標絕對的能力，但是卻無法持之以恆，最後只能是淺嚐輒止，因為所有的成功都不是埋藏在沙中的真金，一陣風就可以使它顯現出來，你必須有足夠的毅力和耐心。

◆再試一次你就能達到成功的彼岸

有一年的高考作文題——挖井，就具體地描繪了這種情況。挖一口井，挖了很深，沒有水，放棄了；又挖了口井，沒有水，又放棄了，結果是付出了很多，但仍一事無成。這是最大的不幸，最可悲的不幸。它直接攻擊人們最純樸、最堅定的信念：成功貴在堅持。

我們周圍許多人都明白自己在人生中應該做些什麼事情，可是就是難以善始善終，他們也許常常抱怨自己積累的不夠，處理事情、對待目標不能夠厚積薄發。

大家都知道龜兔賽跑的故事，也都一致認為兔子是因為驕傲大意而導致了失敗。可是，如果烏龜沒有堅持不懈的努力，一步一腳印的前進，也不會最終獲勝的。烏龜勝在了堅持。

有時，某些人看似一夜成名，但是如果你仔細看看他們過去的歷史，就知道他們成功並不是偶然的，他們早已持續投入無數心血打好堅固的基礎。那些暴起暴落的人物，聲名來很快，去得也快。他們的成功往往只是曇花一現而已。他們並沒有深厚的根基與雄厚的實力。富麗堂皇的建築物都是由一塊塊獨立的石塊砌成的。足球比賽的最後勝利是由一次一次的得分累積而成的；商店的繁榮也是靠著一個一個的顧客創造的。每個重大的成就都是一系列的小成就累積成的。生活也是如此。

有位年輕人去微軟應聘，而該公司並沒有刊登過招聘廣告。見總經理疑惑不解，年輕人用不太純熟的英語解釋說自己是碰巧路過這裡，就貿然進來了。總經理感覺很新鮮，破例讓他一試。面試的結果出人意料，年輕人表現糟糕。他對總經理的解釋是事先沒有準備，總經理以為他不過是找個託詞下台階，就隨口應道：「等你準備好了再來試吧！」

一週後，年輕人再次走進微軟公司的大門，這次他依然沒有成功。但比起第一次，他的表現要好得多。而總經理給他的回答仍然同上次一樣：「等你準備好了再來試。」就這樣，這位青年先後五次踏進微軟公司的大門，最終被公司錄用，成為公司的重點培訓人物。

決定要做的事，一定要堅持到底。問題不在於能力的局限，卻是你有沒有堅持不懈的信念。

使事情成功的力量是什麼？其中當然包括能力，能力雖然是必要條件，但並不是充分條件，所謂充分條件，就是給與那份能力本身的原動力、滲透力和持續力，這樣的力量，就是堅持的信念。

也許，我們的人生旅途上荊棘叢生；也許我們追求的風景總是難以見到柳暗花明；也許，我們前行的步履總是沈重蹣跚；也許，我們需要在黑暗中摸索很長時間，才能找尋到光明；也許，我們虔誠的信念會被世俗的偏見纏繞，而不能自由翱翔；也許，我們高貴的靈魂暫時在現實中找不到寄放的淨土，那麼，我們為什麼不可以以勇者的氣魄，堅定而自信地對自己說一聲：「再堅持一點！」

再堅持一點，你就有可能達到成功的彼岸！

◆功到自然成

持之以恆地做下去是實現任何目標唯一的聰明做法。最好的戒煙方法說是「一小時又一小時」堅持下去。我有許多朋友用這種方法戒煙，成功的比例比別的方法高。這個方法並不是要求他們下決心永遠不抽，只是要他們決心不在下個小時抽煙而已。當這個小時結束時，只需把他的決心改在下一小時就行了，當抽煙的慾望漸漸減輕時，時間就延長到兩小時，又延長到一天，最後終於完全戒除。

生命的獎賞遠在旅途終點，而非起點附近。你無法預知要走多少步才能達到目標·踏上第一千步的時候，仍然可能沒有幸福的曙光。但成功可能就藏在拐角後面，除非拐了彎，否則你是永遠都不會知道還有多遠的，所以你只有堅持下去繼續走，直到成功。

穆罕默德曾經說過：「好運總和堅持的人在一起。」

荀子說：「騏驥一躍，不能十步；駑馬十駕，功在不舍。」這也正充分地說明了堅持的重要性，駿馬雖然比較強壯，腿力比較強健，然而牠只跳一下，最多也不能超過十步，這也就是不堅持所造成的後果；相反，一匹劣馬雖然不如駿馬強壯，然而若牠能堅持不懈地拉車十天，照樣也能走得很遠，牠的成功在於走個不停，也就是堅持不懈。

功到自然成，成功之前難免有失敗，然而只要能克服困難，堅持不懈地努力，那麼，成功就在眼前。想想吧！聰明的你如果有了持之以恆的良好人生態度，就像是駿馬功在不舍，一定未可限量，這是多麼值得期待的事情！

在古老的羅馬，挑選小公牛到競技場格鬥有一定的程序。牠們被帶進場地，向手持長矛的鬥牛士攻擊，裁判以牠受激後再向鬥牛士進攻的次數多寡來評定這隻公牛的勇敢程度。你無可否認，我們的生命每天都在接受類似的考驗，如果你能夠做到堅韌不拔，勇往直前，迎接挑戰，那麼你一定會成功。正像那句千古名言「滴水穿石，非為使然，恆也！」

攀在籬牆上的黃瓜鬚蔓，雖然已經乾枯，
仍然緊緊地纏繞著，為了下一代的繁衍，
即使在死後，也不放棄自己的目標！

3 選擇最直接的方法

兩點之間，直線段最短。

相信你會有這樣的經歷，上小學做應用題時，總是要求你能夠用不同的方法解出同一道題來，目的當然是為了培養你多方面考慮問題的發散性思維。而每道題的解法，其中必然只有一種是最直接得到的。它的出現或者是你靈光一閃的靈感，或者是你基於實際的合理猜測，又或者是你經過簡明的自我推理而得的。但是不管怎樣，你都會覺得這種最直接的方法使用起來最能給人帶來一種舒暢的感覺。老師通常推薦，而且你也樂於選擇這樣的方法解決問題。因為它夠直接，它避免了繁瑣和曲曲折折的掩飾，迎合了我們聰明的本性，而我們恰恰就是喜歡避重就輕的動物。

其實不僅僅是解決普通的數學問題，在人生的路途上要實現你的目標，更應該堅持這樣的見識才對。不管你所確定的明確目標有多少種方法可以做到，我都建議你採取最直接的方法，最直接的方法通常最容易得到，而且千萬別小看這種看似簡單的方法，很多的時候它往往就是最有效果、最省心力的方法。難道在更多的時候，你不想多省下些精力來完成更多的目標，從而獲得更多的成功和喜悅嗎？

◆直接簡約而不簡單

在很多的情況之下，最直接的方法從表面上看來有些笨笨的。但是，也許你往往要靠這種方式才能打開局面，才能取得你想要的結果。我不知道你是否有過這樣的經驗：假設你要找一個兼職，你要從報紙、電視等媒介瞭解情況，你要完備自己，你要準備資料，你要選擇什麼時機寄簡歷等等，謀定而後動，這些當然都是必要的，但是最簡單但也是最有效的辦法卻是：挨家問。不用管他什麼五星級HOTEL，還是小小的麥當勞。推開門，進去找MANAGER問。這在國外是很正常的事情，但是對於我們國內的學生卻往往羞於去做，或者認為這是一種太笨的方法。其實這種方法最有效，最具有殺傷力。你可以得到更多一手的資訊，獲得更多的機會，得到工作的概率當然就會更大。

不僅如此，拐彎抹角、過分的面面俱到以及太過兜圈子的所作所為在有的時候甚至可能使你喪失了當機立斷的機會，可能導致你遺憾終身。

司馬光小時候跟一群小朋友玩耍，一個孩子不小心掉到大水缸裡，別的孩子都想盡辦法從上面救，卻又拉不到下面的小朋友，只有司馬光不慌不忙地用石頭打破水缸，救出溺在其中的孩子。毫無疑問，司馬光在當時的情形之下採取了最直接的方式，而沒有過分的考慮其他的因素，他的目的很單純，就是救人，所以他的方法就很直接和有效果。

後來，司馬光在主編《資治通鑑》的時候，也秉承了這一簡明的思路。他做的工作很簡單，先搜集史料，之後並沒有像其他人那樣對這些史料進行事先的加工潤色，司馬光明白最後資料匯總的時候還要有大規模的重新刪改，現在就做這件事情未免是資源的浪費。既然是編年體的書，當然最直接的方法就是先把史料按時間做成長編。逐條排列。隨後再做其他的工作就不會有返工之憂了。事實證明他是對的。最終也成就了這部偉大的史書。

有一個獵人在森林裡設置了獸夾，第二天發現上面只夾了一條野獸血淋淋的腿。

原來這頭野獸被夾到之後，自知無法掙脫，為了保全生命，竟一口咬斷自己的腿以求逃脫，想來是多麼簡單殘忍的事。其實在我們的生活中也常有類似的情況。一條腿受傷感染，需用刀把傷口深深地切成十字，再將膿液擠出來。有時候四肢有嚴重的病況，常得整個鋸掉，以免病毒蔓延。但是如果在緊要關頭遲疑不決，不採取這些最直接的方法，反倒會失去整個生命。

所以，權衡得失，當機立斷，選擇最直接和最簡單的方法，大到社會，小到個人，都是必要的。中國還有句古話叫作：「毒蛇螫手，壯士斷腕」。壯士之所以稱之為壯士，就是有了直接果斷的膽識和行動，要不然經過一系列的推理假設，想要研究一個更能兼顧各方面的方法時，這個人就已經沒有機會存活了。直接雖然可能會使你遺失一些東西，但是毫無疑問的可以讓你直奔主題，最快最直接的實現你的目標。而你回過頭來再看看時，竟會發覺當初選擇直接方法所造成的遺憾原來只不過是成功的一些伴奏和佐料，原來在成就面前完全可以一笑置之。

◆所有的千絲萬縷最後只剩下最直接的部分

你要知道，任何方法都會有它的代價。選擇最直接的方法會有遺憾，但是選擇其他的方法同樣也不能例外，而所有的方法之中卻只有最直接的方法最終能夠取得有效的結果，這正是你夢寐以求的目標！得失之間，它無疑將是一個最好的選擇。

也許你想問什麼樣的方法才是最直接的方法呢？其實很簡單，只要你牢記下面的兩點：

（1）時刻緊緊盯住你的目標。只有在兩點之間，也就是你和你的明確目標之間，才可能有且只有一條直線。如果你的目標不斷擺動，你所能選擇的最直接的方法就會蕩然無存。所以，在你選擇之前，請確定你的目標以後不會動搖。

（2）記住最直接的含義。我已經說過，最直接的方法就意味著簡單、容易得到。也就是說你毫無猶豫可以做到的方法，而無需太多的權衡。

舉個例子來說，你現在餓了，想要吃麵包。你一下子就會想到去麵包店裡買，這就是最直接的方法。當然接下來你可能還會有其他的一些方法，買麵粉和烤爐，自己在家裡享受。但是請記住，你的目標是要吃東西，你已經很餓了！這個時候最直接的方法當然就是最快最好達到你的目標的方法。換句話說，如果你的目標是追求一種生活的情趣，那麼就會選擇後者。當然了，你絕對不會選擇下面的方法：先去農村種地，秋天收割，把小麥磨成麵粉之後背回家裡，買來烤爐做麵包吃。你都不免會笑話自己的。

所以說，直接就是一種快速到達目的地的動力，一種讓你勇往直前的勇氣和果決。任何時候我們都不能丟掉這種坦率、簡單的一面，不然你會後悔的。

4 要有規劃，立即採取行動吧！

我的幻想毫無價值，我的計劃渺如塵埃，我的目標不可能達到。一切的一切毫無意義——除非我們付諸行動。我現在就付諸行動。

如果你已經制定好了明確的目標，並且下定決心要完成這個目標，你就必須發展出一個策略，一份行動計劃。任何事情，如果想成功的話，有三個建議：計劃、計劃再計劃！確定好你的目標之後，把它寫下來，制定成計劃，可以使你更清楚地瞭解你所希望的是什麼，它可以提醒你明確目標的力量，同時可以暴露出目標的缺點。如果你寫不出心中的目標，或者說制定不出規劃，則可能是因為你對這個目標還不確定，因而你就需要重新審視。

◆非常的目標是以詳細規劃達成的

有一架飛機在深山墜機失事了！

成群的記者衝向深山，大家都希望能搶先報導失事現場的新聞，其中有一位廣播電台的記者拔得頭籌，在電視報紙都沒有任何資料的情況下，他卻做了連續十幾分鐘的獨家現場報導。你知道為什麼那位記者能搶到頭條嗎？因為他未到現場之前，先請司機佔據了附近唯一的電話，打到公司，假裝有事通話的樣子，所以當他做好現場報導的錄音，跑到電話旁邊，雖然已經有好幾位記者等著，他卻只是將答錄機交給司機，就立刻透過電話對全國聽眾做了報導。

這個故事告訴我們，這世間許多「非常的目標」，是以「規劃」達成的，沒有行動之前的計劃和構想結合在一起時，就注定了目標的完成。同樣的道理，我建議你在做每一件事之前，甚至每一天的早晨，在有了做事的目標之後，最好對將要做的事情訂個計劃，而不是在慌慌張張地動手之後才去思想。

人生的目標規劃，應從一生的大綱寫起，然後逐步分解，按部就班的實現。

首先訂出一輩子的規劃：今生今世想做些什麼，想做哪幾件大事，想成為那個行業的佼佼者？

其次訂出今後七年的計劃：俗話說得好「七年之癢」，也就是說每七年左右的時間，人們都會有比較大的動作。這個計劃可以更細緻一些，包括有什麼數量的財產，婚否？健康等等，逐條計劃好，記錄在案。

第三訂出三年的計劃，「大計劃看頭三年」，因此這個規劃要更加具體和數位化。

……

以此類推，一直可以做到今天的計劃，今天做什麼事情？排個順序，什麼是非做不可的，最好養成按照事情的輕重緩急辦事。一旦你制定好規劃以後，便應每天以提醒自己，這樣不但可以加強你的執著信念，同時也可以強化你內心的力量。

◆動如脫兔

好了，現在你就可以付諸行動了，記住要立即採取行動！你不要一味的陶醉於計劃的詳細和豐富上，不要光說不練。因為所有你之前的努力都是為了行動，只有行動才是你走向成功的中心環節。螢火蟲只有在振翅的時候，才能發出光芒。

讓我們做個試驗：

當我們將一隻活蹦亂跳的青蛙放到一個盛滿水的鍋裡，慢慢的加溫，青蛙也慢慢適應著鍋內水溫的變化，當加熱到一定溫度時，青蛙感到熱得受不了時，才想跳出去，可是牠已經無能為力了。我們在做事情的時候也是一樣，如果已經有了明確的規劃，但是卻不能採取當機立斷的態度去執行，可能就會錯過機會，甚至有的時候讓你後悔莫及。就像那隻青蛙只能接受厄運，再也跳不出來了。

事實上，在現實生活中，嚴格來講只有一小部分人生活在此刻中，大部分人都準備生活在「明天」中。我們每個人不都是拖延時間的冠軍嗎？

「總有一天我要……

總有一天我可以買得起……

總有一天我要去渡假……」

像「從明天開始」，「總有一天」，「不久」這些詞根本無法讓你開始工作的，因為我們體內的這種力量總是從此時此刻開始行動的。

在你的一生中，當「現在就做」的提示從你的潛意識閃現到你的意識心神，而要你做應該做的事情時立刻投入以適當的行動，這是一種能使你成功的良好習慣。這種良好的習慣是把事情完成的秘密，它影響到日常生活的每一方面。它可以幫你在面對責任時不至拖延，也能幫助你做你想做的事，它能幫助你，抓住那些寶貴的一經失去便永遠追不回的時機。

◆現在行動才會眞正擁有未來

一個人一直想到夏威夷旅遊，於是定了一個旅行計劃，他花了幾個月閱讀能找到的各種資料——當地的藝術、歷史、哲學、文化。他研究了地圖，訂了飛機票，並制定了詳細的日程表，他標出要去觀光的每一個地點，每個小時去哪裡都定好了。一個朋友知道他翹首以待這次旅遊。在他預定回國的日子之後幾天，這個朋友到他家作客，問他：「夏威夷怎麼樣？」這人回答：「我想，那兒是不錯的，可是我還沒去呢！」朋友無言。

天天苦思冥想，謀劃如何如何，是不能代替身體力行去實踐的，沒有行動的人只是在作白日夢。遲早會被萎靡的泡沫吞沒。立即行動！立即行動！立即行動！從今往後，你要一遍又一遍，無時無刻重複這句話，直到成為習慣，好比呼吸一般，成為本能，好比眨眼一樣。有了這句話，你就可以調整自己的情緒，迎接失敗者逃避而遠之的每一次挑戰。

有個人晚上去拜訪一位富翁，請教發財之道，富翁在答覆他的問題之前說：「讓我們先關了燈再談吧！」有一個學生去拜望一位教授，希望知道怎樣才能做到如教授般的學問，教授半句話也沒講，只是把他正在看的書，交到學生手裡。

這雖然只是一個小故事，卻給我們一個深刻的啟示，任何事要想成功，最重要的是：「立即就做」。一張地圖，不論多麼詳盡，比例多精確，它永遠不能代替它的主人在地面上移動半步。一個國家的法律，不論多麼公正，永遠不可能防止罪惡的發生。任何寶典永遠不可能自己創造財富。只有行動才能使地圖、法律、寶典、夢想、計劃、目標具有現實意義。行動，像食物和水一樣，能滋潤你我，使我們成功。

5 發現自己的優勢

對優勢我們熟視無睹，相反對缺點卻總是一針見血。

一直以來，我們把太多的精力都放在我們自身的短處上，如果我們把精力放在缺點上，我們就會喪失了對自身優勢的感知，更談不上重視。這樣我們就會因為自己的缺點而難過、氣憤甚至有一種失落的挫敗感。我們通常只重視改善缺點，這樣的方式想使一個人、一個家庭、一家公司或一個組織更加強大更加出色是行不通的。記住有句話說過，全面發展就是全面平庸。

◆要比別人更愛你自己

遺傳學家經過研究認為：人的正常智力由一對基因決定。另外有五對次要的修飾基因，它們決定著人類的特殊天賦，發揮著降低或提升智力的作用，而這其中總有一兩對是具積極效果的。所以，每個人都可能在特定的方面具有良好的修為。也就是說，每個人都會有自己擅長的方面可以展示和發揮。為什麼要讓這種天賦的優勢白白喪失掉呢？難道我們不可以抓住這些優秀的遺傳特質為我們的成功服務呢？

有時候，一時的迷惑、興奮或對權力的渴望都會使你迷失，為了那個位置，你忽略了自己真正的優勢。你該從事何種職業應取決於你真正的優勢，你會發現、累積和鍛鍊你的這些優勢，並且發揚光大，同時塑造更好的習慣，這樣你就能發揮你最大的潛力，更加鍾愛你所努力的東西。如果我們忽略了自己的長處，最多只不過可以做到令別人滿意而已。這樣就成了為工作而工作的機器。

其實，優勢的東西往往源於你從始至終對一種活動的嚮往，而不單單是當前的能力問題，這已被心理學的研究證明。這就又回到了最初的問題，把自己真正想要的目標和價值作為主導原則，在此基礎上才能發現你的優勢，發揮你的優勢。

◆給自己完美的定位

找出你的優勢並在上面下功夫，發現你的弱項，然後就不要在它上面耽誤時間。把那些體質太差的人送去練習長跑，或者讓色弱的人學習繪畫，這些做法都是不可行的，而我們還在以為這是在促成人的提升。其實這無異於對牛彈琴，不僅是浪費時間，而且還可能惹惱了牛。

如果你不能充分瞭解自己的長處，只憑自己一時的衝動和想法，那麼定位就很不準確，有很大的盲目性。

比如說，你可能解不出那麼多的數學題，背不出那麼多的英文單字，但你在為人處事方面卻有特殊的本領，能夠替人排難解紛，有高超的組織能力，贏得很多的朋友。也許你的物理和化學成績不好，但是寫小說卻是好手。也許你不擅長下棋，卻擅長講解棋局。在認識了自己的優勢之後，如果你揚長避短，就可以認準目標，抓緊時間和精力，集中最猛烈的炮火進行突破。久而久之，自然會結出豐碩的成果。

歌德一度沒能充分瞭解自己的長處，因而樹立了當畫家的錯誤志向，害得他浪費了數十年的寶貴光陰，為此他十分後悔。達爾文在數學、物理方面呆頭呆腦，但是一碰到生物就頭腦靈光，他一開始就認準了這一點，總算是少走了許多的彎路，當他功成名就的時候，回憶過去總是感謝自己當年對自身素質的正確認識。

美國女明星霍利身材矮小，但一開始卻不承認這一點，對自己的定位常常優勢偏頗，結果多次碰壁，後來多虧經紀人的引導，她重新根據自身特點以及個性鮮明的特徵對自己進行重新包裝，出演《鋼琴師》等影片，一炮走紅，奪得華納電影節「金棕櫚」獎和奧斯卡大獎。

以上幾個事例說明，當我們發現自己的優勢，就會在進一步的行動當中做出有利於我們自身素質的優勢定位，從而更好的發揮我們的潛質，達到事半功倍的效果。相反，如果認識不到這一點，一味抱定鍛鍊自己缺點的想法，只能是一種魯莽的做法，最好也不過差強人意而已，而你本應發展的優勢卻在這其中不知不覺地消磨殆盡。你不覺得可惜嗎？

◆找到特長，你是雞群裡的鶴

幾十億人生活在這個地球上，但是從來未曾有過，也將永遠不會有第二個你。你是地球上一個獨特的、唯一的生命。這些特性賦予你極大的價值。請瞭解，即便愛因斯坦、喬登他們是天才，也只是個人而已。創造愛迪生、拉斐爾的上帝也同樣創造了你，且照上帝的眼光看來，你跟他們一樣的珍貴，只是你沒有去注意而已。也就是說，你自己並非不美，只是未曾發現而已。

今天這個時代，要想鶴立雞群，已經不容易，因為人人都在摩拳擦掌。真想嶄露頭角，往往要靠「令人驚豔」的絕活！這些絕活就是你獨一無二的優勢。只有靠這些才能夠帶給大家耳目一新的感覺。

我不是叫你炫耀，而是要說明這樣一個簡單的道理，重要的是發現自己的優勢，以此來培養自信心和自愛心，相信自己有能力，就會給他人一個良好的印象。這樣就會充滿信心地學習和生活，達成你想要的目標。

現在明白自身優點的重要性了吧！當然，你還需要將它們找出來。你可以透過兩項內容來發現自己的優勢：

（1）測量。無論在別人做事還是自己要做一件事情的時候，都可以在心裡先問問自己可以嗎？

（2）自我反省。完成一件事情後，你可以好好想想究竟是碰巧完成的，還是正常水準的發揮呢？又或者失敗以後，反思一下到底是時運不濟呢？還是真的在這方面缺根弦。

發現自己的優勢，並利用優勢，把它發展到最佳狀態，認識了自己的優勢就能在競爭中敢於競爭，就會有較好的競技狀態，從而獲得自信。假如你是一位學生，面臨著畢業找工作，顯然就要看到自己的優勢再行動。你會發現，優勢有時候不僅幫助你產生自信，甚至將是你打開局面的一把利器。

唐代的大詩人陳子昂剛到京城，想要謀求一個職位，但是沒人認識他。某日有人當街賣古琴，要百萬的高價，陳子昂暗想自己不是彈得一手好琴嗎？何不如此如此……於是他便毫不猶豫地買下了它。旁觀的人都驚問買琴的原因，陳子昂甩甩頭，笑著說：「因為我擅長彈古琴。」人們又問：「能不能演奏一曲呢？」陳子昂則說：「明天吧！」第二天當大家都到了約定的地方，陳子昂早準備好酒菜，並對眾人撫琴高歌，吸引了無數目光，隨後他說：「我陳子昂還有文章上百篇呢！不為人知。想不想看看？」說完便把琴砸碎了，並將文章分送給群眾。一天之中，就名滿京城。

6 首先改變自己

要嘛改變，要嘛滅亡。

激勵大師理查德卡爾森博士主張「藉改變自己，來改變一生」。

如果我們要抄錄全部的人類歷史。那麼，我們會驚奇的發現，我們得到的將是一部人類的發展變化史。生活就是這樣，每個人都要改變自己來適應環境的變化，之後才有權利讓環境來適應你。每個人對自己做出的選擇和決定隨即影響到周圍其他事物的存在。

也許有的人以為每天的自己都差不多，其實我們時時在變，刻刻在改，所處的環境，所遇的事物，所吃的東西，所想的事情和精神，身體的狀況，都能改變我們，也就因為這樣，我們才不是機器；也就是因為如此，人才稱得上多變。既然都是要變，被動的改變當然就不如主動的應變。首先改變自己，才會令你握住自我的脈動，迎合你自己真正嚮往的方向。

◆一位智者的終身良言

以下這段話是一位英國主教的墓誌銘：

我年少時，意氣風發，躊躇滿志，當時曾夢想要改變世界。但當我年事漸長，閱歷增多，我發覺自己無力改變世界，於是我縮小了範圍，決定先改變我的國家。但這個目標還是太大了。

接著我步入了中年，無奈之餘，我將試圖改變的對象鎖定在最親密的家人身上，但天不從人願，他們還是一個個的維持原樣。

當我垂垂老矣，我終於頓悟了一些事：我應該先改變自己，用以身作則的方式去影響家人。

若我能先當家人的榜樣，也許下一步就能改善我的國家，到後來我甚至可能改造整個世界，誰知道呢？

這是一個終身思考和探索人生的哲人傾其一生所做的心得體會。

這段話能夠被鐫刻在墓誌銘上，足見這位哲人對此的重視和強調。讀懂它的字裡行間，我們發現一個道理：「首先要改變自己」。如果我們對自己周圍的環境不滿，對於我們所處的現狀不滿，就讓我們先從改變自己做起。其實，許多時候阻礙我們去發現、去創造的，正是我們心理上的障礙和思想中的慣性。

讓我們來看一個故事：

傳說乾隆年間，京城出現了一個專偷皇宮寶物的神偷。他來無影，去無蹤，縱使紫禁城內牆高池深，戒備森嚴，但這些他都不放在眼裡，依舊來去自如。只不過皇宮內大大小小的瑣事何等繁雜，出現一名小偷而已，倒也沒有驚動到高高在上的萬歲爺。

直到有一天，乾隆皇帝發現放在御書房的玉璽竟然不翼而飛，勃然大怒，敕令紫禁城內外做地毯式的搜索。妙就妙在這裡，玉璽居然在三天後又神不知鬼不覺地出現在皇帝的桌上。

這下子乾隆慌了，他想：「這神偷在深宮內苑裡這般地來去自如，這次玉璽失竊倒也算了，下次如果他要取朕的項上人頭，那不就……」

乾隆越想越恐懼，馬上召見大臣們商討對策。

很多大臣認為應該「多管齊下」：

加派三千御林兵嚴守禁城，務求滴水不漏；加強宮內防盜機關，嚴防裡應外合；百姓出入京城，一律接受身分及行李檢查，以防贓物外流。如此一來，此惡賊一定無所遁形，難逃法網。

不料這計策實施了半年，神偷猖獗依舊，接連幾件寶物被偷不說，京城的人民也都感到不便，怨聲載道。乾隆看這樣下去實在不是辦法，只得再召大臣討論。

只見劉羅鍋駝著背，伸出三根手指頭緩緩地說：

「奏陛下，依臣愚見，倒可以從三方面下手。

第一，將紫禁城外增派的御林軍都撤掉。

第二，將所有寶庫的大鎖統統拿掉。

第三，將存放寶物的箱子全部打開。

如此一來，必能手到擒來。」

大家甚感不解。劉羅鍋瞇著眼睛，嘴角浮起一抹微笑：「試試看，便知成效！」

於是乾隆下令照辦，不出十天，神偷居然就被輕易地捉到了！

原來這位神偷已有三十年偷竊歷史，上千次的成功經驗告訴他，進入目的地後，要先機警地躲過警衛，找到門後迅速開鎖、進入、拿寶物，拿到後迅速往窗外跳。只要精準地執行這些步驟，即使再嚴守的地方也能順利偷出寶物，可是這次進入目的地後，竟然沒有警衛，也沒有鎖門，進去後只看見箱子打得開開的，窗戶也被拿掉了，在這一連串的猶豫中，浮現了前所未有的疑問、驚慌與恐懼，就在這猶疑的片刻，說時遲那時快，巡邏的衛兵一湧而上，神偷還楞在那兒，口中猶自喃喃念著：「怎麼會這樣呢？怎麼會這樣呢？」

你仔細想想，在我們生活中不也充滿了這一類的情境嗎？沈迷在過去的成功經驗，執著於以往所養成的習慣，一旦環境改變，很容易落入一種「熟練的無能」。換句話說，真正捉到神偷的不是滴水不漏的防守，不是高城深池、銅牆鐵壁，而是神偷累積三十年的「慣性」打敗了他自己。

當環境改變，狀況改變，對手改變，仍舊依賴舊我的結果，只有猶豫、恐懼、束手無策，終至走上失敗一途。在不斷快速變遷的時代中，突破過去的包袱，掌握新的環境，面對新的課題，迎接新的挑戰，才能不斷地超越自我，再創新機。我並非完全否定經驗，而是強調在運用經驗的同時，仍然要保有一顆適應變化、變革自我的本心。

◆改變你的世界，必先改變自己的舊方式

海邊的沙灘上有一種不起眼的小生物——寄居蟹，每當潮水退去，可以看見到處都是這種可愛的小動物。寄居蟹，牠們身上的殼是借來的，每當牠們成長到某種程度，舊的殼就已經無法讓牠們感到舒適及安全，因此牠們必須尋找另外一個更大的殼，然而牠們在換殼的同時，必須暴露牠最柔弱的身軀，此時牠是最脆弱的。然而牠懂得牠必須改變自己的外殼，這樣的做法值得的。只有變換了更大的殼才會有真正的舒適和安全，不是嗎？

你現在是否已經準備好了，改變自己朝著更亮麗、更美好、更動人的未來人生前行。那麼請你每一天起床的時候，不斷地問自己：

今天我要如何改進我的行為？

今天我要如何改變我的思維定勢？

「一個人最大的勝利就是戰勝自己。」

——安德烈耶夫

7 學會從過去的失誤中學習

人非聖賢，孰能無過，過而能改，善莫大焉。

魚為什麼那麼容易上鉤？有人說，因為太貪食了。正如宋代一位詩人所說：「鉤線沈波漾彩舟，魚爭芳餌上龍鉤。」這句詩正說明魚是禁不住「芳餌」的誘惑，才被人捉去的。那麼，魚是不是會接受教訓呢？古代小說中常有這樣的話：「鯉魚脫卻金鉤去，搖頭擺尾再不回。」似乎這條魚上一次當學一次乖，變得聰明。實際上，魚當然不會那麼聰明，要不然怎麼會有更多的魚進了我們的肚腸呢？

不過，我們顯然不能像魚那樣「不思悔改」了。而且你要想在成長的路上少失誤，少走彎路，並且減少碰得頭破血流的機率。最好的方法就是從過去的失誤當中學習，只有這樣，你才不至於在同一條污水中踏入兩次。

◆現實中，上當才能學乖

我們都不可能避免失誤，但是錯誤常常是正確的嚮導。

有些人可能認為：「如果我們能夠避免失誤，那人生該多麼痛快啊！」但是事實真的是這樣的嗎？

我確實知道一個地方，那兒有成千上萬的人，每一個人都完全不會出現任何的過失。你的雙眼一定會放光，你會迫不及待的問：「那是什麼地方？」我可以告訴你，那裡是一塊墓地。

這完全是事實，世界上只有一種人會沒有問題，那就是地下的人，對他們來說，死為休息。他們不會再從事任何的事情，所以也就不會出現任何的錯失。而按照人生的哲學，失誤正是生命中所不可或缺的現象。

超級油輪卡迪茲號在法國西北部的布列塔尼沿岸爆炸後，成千上萬噸的原油污染了整個海面以及沿岸地區。在此之後，石油公司做了教訓的總結，對石油運輸的許多安全設施重新加以考慮，這使得後來發生事故的機率大大降低。同樣的，二十世紀九0年代，在許多核反應爐相繼發生意外後，人們紛紛改進了核反應過程及其安全設施。

那些讓我們有過太多損失、有過太多遺憾的失誤，如果就這麼輕易的把它放過，你不覺得不值嗎？既然錯誤已經不可挽回，我們更應該從它身上汲取更多的剩餘養分，不然我們所做出的犧牲不是太不值得了嗎？而且往往是——我們從錯誤和教訓中吸取的經驗才更加深刻，才更能深烙在我們的潛意識，使今後走得更平穩更好。所以，你一定要在心裡這麼想：讓所有過去都煙消雲散吧！

◆防微杜漸卻也要亡羊補牢

當颱風過後，我們常可以看到高大的樹木被連根拔起，所以一到颱風季節，有大樹的人家就要修剪枝葉，以免樹大招風。做人做事不也是如此嗎？我們既不能唯恐招風，而要更上一層樓，就應當時時修剪，涵養柔德，自我檢討。為了改進你的自我形象，你要向過去的失敗經歷學習。

修正自己的錯誤和失敗，從中獲得正確的、成功的經驗，這是一種良好的和必須的成功心態。一個沒有從自己的過失中汲取價值的人，一生怎會有所收穫，因為你將所有的精力都放在了重複犯錯上面。

人的一生是正確和錯誤，成功與失敗互相交織的一生。事實上，整個人類發明史給了我們這樣的啟示。這其中充滿了利用錯誤假設和失敗的信念來產生新創意的人。哥倫布以為他發現了一條到印度的捷徑，卻恰恰成就了他發現新大陸的美名。開普勒偶爾由錯誤的理由得到行星間引力的概念。而愛迪生經過幾千次的試驗，終於知道上萬種材料是不能用來做燈泡的。

每當出現了失誤，造成了某種損失之後，成功者會及時地反思和總結，設法補救，化被動為主動，以後避免類似的過失。因此當我們出現了錯失，在前進的路上我們應該不斷地問自己：「真是的，又錯了，這次到底是哪裡不對呢？」

亡羊補牢雖然有一點馬後炮的意味，但是在人生的道路上卻是缺一不可的。因為在你的行程當中，會不斷地有狼騷擾你，會不斷地襲擊你的羔羊。這是無法規避的。而你也只有在每一次過後盡力學習經驗，將事情做得更加完備，最終才能讓你的羊群不斷壯大。「失敗是成功之母」。因此，出現過失的時候，就像小時候那樣，到母親跟前得到些愛撫再上路吧！不要不好意思。

錯誤和失敗還有一個好的用途，就是能告訴我們什麼時候應該轉變方向。回過頭來反觀以下失誤，仔細想想，便能找出問題的關鍵所在，久而久之，你不僅有了接受失誤的勇氣，成功的機率也會大大增加。而且你的心態也會更加積極。

每一天都會因此而樂觀向上。

中國有句古話：不經一事，不長一智。問題能夠增強我們的洞察力和做事的能力。所以可怕的不是出現過失和問題，而是沒有出現問題，或是出現問題後不去追思，不去從中學習對我們今後有用的經驗和知識。

所以，我們這些現代人，時時刻刻都要有迎接錯誤的心理準備，最好無時無刻都有從失誤中學習的良好心態。世界充滿了成功的機遇，但在前進的路途上，也不免會有些許的失誤，所以只有不斷提醒自己，才可以增強我們的學習心和上進心。堅信成功的種子經常孕育在過失中，若每次錯誤之後都能有所領悟，那麼你就會變得更加有自信，化腐朽為神奇。帶你進入一個新的人生境界。

第三篇

點一盞心燈，純淨靈魂的守護神

1 時刻保持心態的平和

日出東海落西山，愁也一天，喜也一天；遇事不鑽牛角尖，人也舒坦，心也舒坦。

能飛長程的鳥，都善於滑翔，牠們多半有著寬大的翅膀和輕盈的身體，能夠在奮力振翅之後，舒展雙翼，慢慢地滑向遠方，所以在牠們遷徙的過程中，看似不斷地振翅翱翔，實際許多時間都是利用空氣的浮力前進，一方面消除緊張，一方面養精蓄銳，以備另一次的振翅。

能成大事業的人，都善於舒散心情，他們多半有著豁達的胸懷和開朗的性格，能夠在繁忙激動之後，放鬆自己，享受寧靜，靜觀外界的發展；籌算未來的進度，並恢復元氣和衝力。

其實，我們要想成為一個成功的人，成為一個快樂的人，就得像那些大人物一樣，不以得為狂喜，不以失為深憂。

曹丕的《與朝歌令吳質書》中有一段：「年行已長大，所懷萬端，時有所慮，至通夜不瞑。」隨著年齡的增長，接觸的頻繁，責任的加重，我們常會為生活中的點點滴滴，而縈繞心中，久久不能放下，直到事情過後，又覺得自己當時心情的大起大落很多餘。問題是為什麼在事情發生時，總是看不開呢？

人有得失心是對的，但不能患得患失，如果總是斤兩計較於小處，很難成就大的事業。因為得到一點東西就興奮狂跳，或者因為失去一點東西就捶胸頓足的人，本身就有一種不健康的心理，這是典型的只顧眼前，不顧未來發展的做法。而且對於自己的幸福和快樂的感覺也無疑是一種無情的抹煞。

《格列夫遊記》一書的作者約拿丹史維克特是英國文學史上最頹廢的厭世主義者，他每次的生日都是黑衣素食，以示對自己的出世感到遺憾。雖然如此，他仍然讚美心態平和是促進健康快樂的最大力量。他宣稱：「世界上最美好的醫師是節制醫師、安靜醫師和快樂醫師。」只要保持心態的平和，我們都能收到這些醫師的免費服務。只要注意到自己擁有的珍貴和感動——你會為億萬富翁出賣自己的眼睛、手足、聽覺和愛人嗎？把擁有的財富加起來，你就會發現，縱使比爾・蓋茲、福特、摩根把所有的金銀堆積如山，也買不到你所擁有的一切。

◆我們很少想到自己所擁有的

艾迪瑞肯貝克和朋友在太平洋上絕望的漂流了二十一天之後，他得到的重要東西就是：「我學到了一點——人只要有淡水喝，有東西吃，就沒有什麼好抱怨的了。」

在第二次世界大戰時，有個士官在瓜達卡納島戰役中被炮彈碎片刮傷了喉嚨，輸了七筒血，他寫了三張紙條問醫師：「我會活下去嗎？」醫師回答說：「會的。」他又問：「我仍然可以講話嗎？」他又得到了肯定的答覆。於是這個士官在第三張紙上寫道：「對啊！那我還有什麼好擔心的。」

你為什麼不停止胡思亂想的憂慮，來一句「對啊！我有什麼好擔心的！」也許你就會心情輕鬆，就會發現事情其實沒有你想像的那麼複雜，它們都是不值一提的。

叔本華說過：「我們很少想到自己所擁有的，卻總是想到自己所沒有的。」我們是不是應該靜下心來，安頓好我們躁動的心，珍惜我們所有的一切呢？

上帝拿著兩個蘋果讓一位幸運的人選擇，那個人左挑右選，最終選定了一個，但是他沒走多遠，又有些後悔，他覺得留在上帝手中的那個可能是更好的，於是他回頭去找上帝，但是上帝已經走了。為此這個人終身不樂。其實，沒有到手的那個真的就比到手的好嗎？未必！

還有一個寓言：

有一頭驢子在兩叢青草之間徘徊，想要吃左邊的一叢，卻發現右邊的更加鮮嫩。想要吃右邊的一叢，卻又認為左邊的更加碧油。它在兩叢之間走來走去，沒有吃上一口，最終餓死了。

羅根史密斯有句極富智慧的話：「生命只有兩個目標：其一，追求你所要的；其二，享受你所追求到的。」只有聰明人才努力達到第二個目標，他並不會為他所缺少的東西感到悲哀，而是為他擁有的感到喜悅。這樣才會在得失的心態上找到絕佳的平衡點，才能讓快樂幸福的感覺永在心頭，揮之不去。

◆老子不在乎

把苦惱、不幸、痛苦抑或是喜悅、歡樂等等認為是人生不可避免的一部分，要自己寬容自己，自己享受自己。沒有任何一種懲罰比自我責備或自我放縱更為痛苦了。

翻開老子的《道德經》，你就會覺得老子好多地方還是很有智慧，他並不刻意地苛求事物，對於生活中的喜怒哀樂總能夠以一副悠然自得的態度處理。很多事情他都可以淡然處之，顯得不在乎。你為什麼不能學習他，時刻維持心態的平和？對呀，「老子不在乎，你能把我怎麼樣！」有點小流氓的味道。不過有時候覺得小流氓還是蠻可愛的，總比為難自己、心情像根草般隨風飄蕩來得痛快自然。

我願意再和你分享一個發人深省的故事：

有一雙非常漂亮、非常吸引人的紅色舞鞋，傳說女孩子把它穿在腳上，跳起舞來都會感到更加輕盈、富有活力。

因此姑娘們見了這雙紅舞鞋，眼光都直發亮，興奮得喘不過氣來，誰都想穿上這雙紅舞鞋翩翩起舞一番。可是姑娘們都只是想想而已，沒有誰敢真的把它穿在腳上去跳舞。因為這雙紅舞鞋傳說還是一雙具有魔力的鞋，一旦穿上跳起舞來就會永無休止地跳下去，直到耗盡舞者的全部精力為止。

但仍有一個擅舞的、年輕可愛的姑娘實在抵擋不住這雙紅舞鞋的魅力，不聽家人的勸告，悄悄地穿上跳起舞來，果然，她的舞姿更加輕盈，她的激情更加奔放，姑娘感到有舞之不盡的熱情與活力。

她穿著紅舞鞋跳過街頭巷尾、跳過田野鄉村，她跳得青春美麗煥發，真是人見人愛，人見人羨。姑娘自己也感到極大地滿足和幸福，她不知疲倦地舞了又舞。

夜幕在不知不覺之中降臨了，觀看姑娘跳舞的人群也都回家休息了。姑娘也開始感到了倦意，她想停止跳舞，可是，她無法停下腳步，因為紅舞鞋還要跳下去。狂風暴雨襲來，姑娘想停下來去躲風避雨，可是腳上的紅舞鞋仍然在快速帶著她旋轉，姑娘只得勉強在風雨中跳下去。

姑娘跳到了陌生的森林，她害怕起來，想回溫暖的家，可是紅舞鞋還在不知疲倦的帶著她往前跳，姑娘只得在黑暗中一面哭一面繼續跳下去。

最後，當太陽升起來的時候，人們發現姑娘安靜地躺在一片青青的草地上，她的雙腳又紅又腫，姑娘累死了，她的旁邊散落著那雙永不知疲倦的紅舞鞋。

相信誰讀了這個故事，心裡都會很難過，都會同情那位可愛的姑娘。人生的道路上像紅舞鞋這樣的誘惑是隨處可見、時時可見的。在面對它能夠做到心不為所亂，實在是很不容易的事情。經營自己的人生實在是一個需要平常心的過程。

親愛的朋友，我相信你都會同意人生本來就是一個過程，你是希望達到目標後才快樂呢？還是在過程當中就非常的快樂，直到最後？就像一輛汽車大踩油門的同時又踩剎車，你說會怎麼樣呢？

在生命中的每一天，陽光就照在你的身上，那麼就請時刻抱定這樣的人生態度：

我幫助別人，因而自己也快樂。

我不恨人，不嫉妒人，卻愛護、尊敬所有的人。

我不要求任何人的恩惠，只要求一個特權——讓所有喜歡我幸福的人跟我分享這幸福。

2 人生就是一場經歷，經歷越多的人，他的人生就越豐富

人的經歷千差萬別，因而人的感覺千差萬別。我們人都有把經歷和遭遇賦予特殊意義的天性，甚至每一次不同的經歷，在有些人看來都是一次生命的新生。

昨天的輝煌不能證明今天的潛質，明天的美好也無法掩飾今天的痛苦。人生從來就是一場經歷，是一個過程，一味沈浸在昨天影子下的人，未來難以很好的把握。經歷越少，你的生活就越顯得單調。當別人的人生如同一部精彩的電影時，你總不希望你的人生只是蒼白的幾行字而已吧！每個人的人生從來就不該停止走過，你在這條路上奔走，就會不斷經歷著各種人，經歷著各種事情。與此同時，你才在成長中調味生活的酸甜苦辣，個中滋味只有你才是最好的品評者。

◆你需要的不是聰明，而是那甘願經歷的傻勁

一行人去玩賽車。

都是頭一次玩，除了興奮，還不免心頭惴惴。

玩賽車講究速度。膽大的，幾圈過後，就「飛」起來了；膽小的，任別人一再超過他，也不緊不慢。回來的路上，一行人仍談論著賽車。有一位說：啊！今天終於有了風馳電掣的感覺。

有一位說：我怎麼老覺得不夠快。眾人一聽都笑。原來說「不夠快」的，乃是一行人中的速度最快者；而有了「風馳電掣的感覺」的，恰是其中最慢的那一位。

粗聽好笑，細想對極，一個因感覺「不夠快」，才會越開越快；一個已感覺到「風馳電掣」了，當然不會再加速了。

感覺痛不欲生者其實並不是世界上最痛苦的人，感覺春風得意者不一定是最成功的人。回首往事，心潮澎湃的那位可能經歷平淡，而真正領略過驚心動魄的

人，一切已歸於平和。這就是人生，這就是生命！你好好想想，如果沒有讓人回味的一場場經歷，你的心中會有這許多的怦然心動，若有所思嗎？你應該感謝生命的經歷，它們讓你有了可愛、可恨、可想、可回憶的東西，不然生活就像是一潭死水，了無生趣。

荷馬曾經說過：「誰經歷的事情多，誰懂得的東西也就越多。」

如果這個世界像是一本讀不完的書，我們就是讀這本書的人，世界不可能因為我們的閱讀而增加，也不會因為我們的荒廢而減少。它是那麼的充實和完美。而且不含有任何創作者的主觀偏見；它蘊藏著無盡的寶藏，只是等待我們去經歷。每個人都擁有這麼一部偉大的書，問題是我們能不能閱讀它、咀嚼它、消化它，給我們帶來無盡的豐富享受。如果只是放在書架上，就如同沒有一樣了！

年齡的長短並不是衡量生命長短的尺度，有些人二十年的生命抵得上別人活一百歲。度量一個人生命長度的真正尺規是他一生中的經歷。一個人做的事情越多，經歷的越多。他的生命就越長、越豐富多彩。

有些時候，即使是同樣的東西，從頭再試一遍，你會發現在那華麗的音符，和看來嫻熟的技巧之後，還有太多不知道的東西。當你退回起點，沿著以前走過的路再行一遍的時候，會發現那路邊有許多珍寶，是你過去只願一味向前衝，而不知拾取的。於是同樣的路，你再走到今天同樣的位置，卻可能已經是極為富有的人。

所以我說：你現在需要的不是聰明，而是那甘願投入生活，享受人生經歷的信念！

◆幸福與憂傷同樣都是生活的填充

人生就是一場經歷：美的、醜的、痛苦的、快樂的、好的、壞的、過去的、現在的、還有未來的。在這其中，你都會遇到，都會感受。每一次的心有所動就是你永遠的財富。在現實中，我們常常可以看到這樣的情形。有些人總是充滿了積極向上的態度，敢於並且樂於嘗試生活中的各種事情，他可能擁有一份穩定高薪的收入，偏偏就是不想閒下來，還義務做起了義工，幫助社會上需要幫助的人。這絕對不是閒得無聊，而是想多經歷一些事情，豐富自己生活的良好初衷。現在娛樂圈中有很多藝人，在某方面有所成就之後，總是再接再厲，或者「演而優則唱」，或者「唱而優則演。」其中一個很重要的原因就是想嘗試更多的東西，給自己的事業乃至人生抹上更多的亮麗色彩。無論是回憶，還是靜靜的體味，你都會覺得這一輩子不虛此行了。

其實，我們每個人都可以如此，生活中的每份精彩對於我們都是一個過客。我們為什麼不伸出雙手，邀它們一起共舞呢？這不僅僅是為了充實生活的要求，更是一種對生命負責的態度。畢竟，生命對於我們只有一次。

《舒克和貝塔歷險記》中的主人翁就是這樣兩個對生活充滿了熱愛的人，他們無時無刻都在做著有意義的事情，而且永不停歇，永不滿足。在開辦了「舒克貝塔航空公司」之後，他們並不樂於守成，他們選擇讓生命經歷更多的抱負。舒克和貝塔說的話讓我至今記憶猶新：「很多人一生只守著一項事業，我們如果做成兩件事業，生命不就等於活了兩次嗎？」

生命的意義在於過程而不是結果，其間的成功和失敗並不是最重要的。你會發現幸福與憂傷同樣都是生活的填充物。

在我們面前的路：往往都是平坦光明和崎嶇黑暗並存。在路口徘徊許久，你是不是願意在這條路上勇往直前的走下去，欣賞沿途的風景，體會心頭的歡喜憂愁呢？光有平坦光明，我們會非常順利地達到目的地，然而卻少了艱苦跋涉到達目標的那種驚喜，在那記憶的年輪上又將少掉一圈美好的回憶。遍體鱗傷也終會有更加美好的主旋律。在它們面前只不過是增加珍惜的作料。

「生命」這兩個字要用一生的精力去拼寫；「生命」這本書要用一世的光去照亮。

在人生中勇於經歷善於經歷的人，無形中將你有限的生命延長，無形中將你平淡的生活變得豐富而又美麗。要造就什麼樣的人生，基本上可以由自己決定的。親愛的朋友，有首歌我要送給你：「能給人們帶來幸福的花兒啊！你在哪裡悄悄地開放？我到處把你找，腳下的路伸向遠方……」

3 挫折是另一種形式的獎勵

人生這條路破敗不堪又容易滑倒，我一隻腳滑了一下，另一隻腳也因此站立不穩，但我緩過氣來告訴自己：「這只不過是滑了一跤，並不是死掉再也爬不起來了。」

一位女兒對父親抱怨她的生活，抱怨事事都那麼艱難。她不知該如何應付生活，想要自暴自棄。她已厭倦抗爭和奮鬥，好像一個問題剛解決，新的問題就又出現了。

她的父親是位廚師，他把她帶進廚房。他先往三只鍋裡倒入一些水，然後把它們放在旺火上燒。不久鍋裡的水燒開了。他往一只鍋裡放些胡蘿蔔，第二只鍋裡放入雞蛋，最後一只鍋裡放入碾成粉末狀的咖啡豆。他將它們浸入開水中煮，一句話也沒有說。

女兒嘟著嘴，不耐煩地等待著，納悶父親在做什麼。大約二十分鐘後，他把火關了，把胡蘿蔔撈出來放入一個碗內，把雞蛋撈出來放入另一個碗內，然後又把咖啡舀到一個杯子裡。做完這些後，他才轉過身問女兒，「親愛的，妳看見什麼了？」

「胡蘿蔔、雞蛋、咖啡。」她回答。

他讓她靠近些並請她用手摸摸胡蘿蔔。她摸了摸，注意到它們變軟了。父親又讓女兒拿一只雞蛋並打破它。將殼剝掉後，他看到了是個煮熟的雞蛋。最後，他讓她喝了咖啡。品嚐到香濃的咖啡，女兒笑了。她怯生生問到：「父親，這意味著什麼？」

父親解釋說，這三樣東西面臨同樣的逆境——煮沸的開水，但其反應各不相同。胡蘿蔔入鍋之前是強壯的、結實的，毫不示弱；但進入開水之後，它變軟了、變弱了。雞蛋原來是易碎的，它薄薄的外殼保護著它呈液體的內臟。但是正是由於開水一煮，它的內臟變得堅強了。而粉狀咖啡豆則更獨特，進入沸水之後，它們卻改變了水。

「哪個是妳呢？」他問女兒。「當逆境找上門時，妳該如何反應？

妳是胡蘿蔔，是雞蛋，還是咖啡豆？」

你呢！我的朋友，你是看似強硬，但遭遇痛苦和逆境後畏縮了，變軟弱了，失去了力量的胡蘿蔔嗎？你是內心原本可塑的雞蛋嗎？你先是個性情不定的人，但經過分手、離別或失業，是不是變得堅強了，變得充實了？或者你像是咖啡豆，把給它帶來痛苦的水當成了一種歷練，徹底融入其中，兩者結合變成了最佳的香味。水最燙時，它的味道更好了。如果你像咖啡豆，你會在情況最糟糕時，變得有出息了，並使周圍的情況變好了。

通往勝利的路上充滿了坎坷，關鍵是我們應該怎樣看待。問問自己是如何看待逆境的。你是願意做胡蘿蔔，是雞蛋，還是咖啡豆？

據說越是寒冷的地方，春天樹木的發芽越快，葉子也特別綠。冬天的寒霜，更能染成豔紅的楓葉；寒風凜冽的絕峻，更能塑造遒勁的枝幹；坎坷的境遇，更能歷練出偉大的人格，大概也就是這個道理吧！

當我們縱觀歷史，橫覽世界，一個出乎意料卻又合情合理的論斷如同閃電一樣照亮了我們的腦海——成功者幾乎都是戰勝挫折的！成功幾乎都是血汗與機運的結晶！

在挫折面前至少有兩種人：

一種人，遭受了失敗的打擊，從此一蹶不振，成為讓失敗一次性打垮的懦夫。

另一種人，遭受失敗的打擊，能夠極快地審時度勢，調整自身，在時機與實力兼備的情況下再度出擊，捲土重來。這一種人堪稱智勇雙全，成功常常蒞臨在他們頭上。

挫折是一種財富，但只是對那些勇者的獎勵，而對於那些怯懦的人，挫折則常常是痛苦和沈淪的前奏。

◆成功者無一不是戰勝失敗而來

除非你放棄，否則你不會被挫折打垮。挫折只不過會讓你變得更加堅強、更加獨立的面對生活。偉大的希臘演說家德謨克利特因為口吃而害臊羞怯。他父親留下一塊土地，想使他富裕起來，但當時希臘的法律規定，他必須在聲明土地所有權之前，先在公開的辯論中戰勝所有人才行。口吃加上害羞使他慘敗，結果喪失了這塊土地。從此他發奮努力，創造了人類空前未有的演講高潮。歷史上忽略了那位取得他財產的人，但一連好幾個世紀世界各地的學生都在聆聽德謨克利特的故事。不管你跌倒多少次，只要再爬起來，你就不會被擊垮。在挫折遭遇的所失與所得之間，請自己做一個評判吧！

不管是暫時的挫折還是逆境，都不會在一個人意識中成為失敗，只要這個人把挫折當作是一種教訓，事實上，在每一種逆境及每一個挫折中都存在著一個持久性的大教訓。而且，通常說來這種教訓是無法以挫折以外的其他方式獲得的。

挫折通常以一種「啞語」向我們說話，而這種語言卻是我們所不瞭解的。如果這種說法不對的話，我們也就不會把同樣的錯誤犯了一遍又一遍，而且又不知從這些錯誤中吸取教訓。

大劇作家兼哲學家蕭伯納曾經寫道：「成功是經過許多次的大錯之後得到的。」

朋友，讓我告訴你，惟有越多的挫折，你才越能成功。不信你可以去看看偉人的傳記，在他們走向豐功偉業的路上，都有無數的挫折。一個沒遭遇挫折的人，他不會知道成功的真義，即使僥倖成功也不會體會到成功的喜悅。如果一個人回憶過去，沒有失敗後的懺悔，沒有痛苦中的掙扎，他會因為沒有享受苦難而感到遺憾。如果沒有成功後的歡呼，勝利後的喜悅，那麼，他會因為沒有快樂而感到遺憾。一個人如果在閉上眼睛的前一刻發現自己一生竟沒有值得留念的地方，那該是多麼遺憾。那些所謂的成功、勝利都只不過是過眼煙雲罷了。

成功是一種完美，完美的成功是一種遺憾；
失敗是一種遺憾，遺憾的成功是一種完美。

◆成功是黃金，失敗是白銀，同樣珍貴

愛默生對挫折的看法應該成為我們的共鳴：「發燒、肢體殘障、冷酷無情的失望、失去財富、失去朋友，都像是一種無法彌補的損失。但是平靜的歲月，卻

展現出潛藏在所有事實之下的治療力量。朋友、配偶、兄弟、愛人的死亡，所帶來的似乎是痛苦，但這些痛苦將扮演著導引者的角色，因為它會操縱著你生活方式的重大改變，終結幼稚和不成熟，打破一成不變的工作、家族或生活型態，並允許建立對人格成長有所助益的新事物。

它允許或強迫形成新的認識，並接受對未來幾年非常重要的新影響因素；在牆崩塌之前，原本應該在陽光下種下花朵——種植那些缺乏伸展空間，而頭上又有太多陽光的花朵——的男男女女，卻種植了一片孟加拉榕樹林，它的樹蔭和果實，使四周的鄰人們因而受惠。」

時間對於保存這顆隱藏在挫折當中的獎勵種子，是非常冷酷無情的，找尋隱藏在挫折中的那顆種子的最佳時機，就是現在。你也可以再檢查一下過去的挫折，並找尋其中的種子。有的時候，我們會因為挫折感太過強烈，而無法馬上著手去找這顆種子。但是，現在相信你已經有了更高的智慧和更多的心理準備，可以讓你輕而易舉地從任何挫折中，找到它能贈與你的任何獎勵。

4 如何對待正在遭受挫折的人

人生路上，每個人會無數次被自己的決定或碰到的逆境擊倒、欺凌甚至碾得粉身碎骨。我們可能會覺得自己或別人似乎一文不值。但無論發生什麼，或將要發生什麼，在上帝的眼中，每個人都永遠不會喪失價值。

在成長的過程中，每個人都扮演著互動的角色，有效的激勵非常重要，親子、師生、上司和部屬、買賣雙方，經常需要在別人遭受挫折的時候激勵別人。只有這樣，在你遇到困難的時候，別人才會伸出援助之手。你的人生道路才可能越走越寬。朋友才可能越來越多。

愛迪生從小學習能力很差，老師和同學們都看不起他，經常給他臉色看。但是愛迪生的母親卻相信他、鼓勵他，使他對自己產生信心。於是他不再害怕失敗，不再用憤怒來掩飾自己的無助，而把所有的力量用在追求成功上。信心使得他盡情地發揮自我。愛迪生成名後，滿懷感觸說到：「是我的母親造就我。」

◆生活處處需要溫暖

每個人都在朝著自我成功的路上前行，我們在造就自己的同時如果也能造就他人，這樣不就更好嗎？

不知道你有沒有看過《美麗心靈》這部片子。拉什近乎瘋狂的所作所為引來了旁人的鄙視和非議，他的妻子也承受了巨大的壓力，但是她並沒有離開拉什。而是默默承受著這一切，並且用自己溫暖的內心撫慰拉什的挫折。最後拉什成功做出博弈論，到台上領獎時深情地對妻子說：「我所有的成功都是由於妳的存在。」在場的人無不潸然淚下。

可見，對於那些正在遭受挫折的人，而且是我們還在關心和愛護的人，不要吝惜我們的同情與寬慰。安慰他們、激勵他們，你會發現他們會很在意你對他們的感覺，他們也因此而奮發有為。在幫助別人的同時帶給你愛與美好的感覺。幫助別人往往就是幫助自己，不是嗎？自尊都是人的基本要求，每個人希望被人看重和關心，戴爾·卡內基曾說過：「如果想獲得別人的喜愛，就要先去愛別人。」

即使是對於那些你歷來反感，和你交惡的人，如果他們生活中不夠順利，雖然你不願意去幫助他們，但是也絕不能落井下石。痛打落水狗，一時樂了，但是你的明天也許會付出可怕的代價。我要告訴你的一點是：生命中永遠有太多的出乎意料，誰能夠證明他明天不會重新站起來呢？因此，對於這一類的人，做事情一定要留有餘地。給自己的未來多留一個決勝的籌碼。

聖經上說：「你們願意別人怎樣對待你們，你們也怎樣對待別人！」

我曾經看到這樣一則故事：

湯姆在紐約地鐵搭車的時候，有一個小男孩在車廂裡又哭又鬧，而一個看起來好像爸爸的中年男人，卻坐在遠處不理不睬。大家對這個現象非常反感，但都敢怒不敢言。湯姆挺身而出質問那個男人：

「你沒看到你的孩子這麼吵鬧嗎？你應該管管他啊！」

男人一愣，這才回過神來：「對不起，我這孩子的媽媽兩個鐘頭前在醫院過世，我正想以後要怎麼辦。所以，真對不起！」湯姆突然之間好後悔自己的殘忍。

其實，我們每個人都是一樣，有著一顆善良的心，在意識到自己傷害了別人之後我們會有深深的內疚，更何況是去主動傷害一個正在遭受挫折的人呢？相信你會選擇給他們一些溫暖吧！

生活中，挫折和困難都是擺在我們面前不可逾越的東西。別人可能遇到，你同樣也是逃不掉的。也許這次別人摔得人仰馬翻的時候，你在旁邊哈哈大笑。但是下次你遭遇坎坷的時候就不要指望別人會對你有好臉色。

更何況，心理學上還有一個重要的結論：其實，一直以來我們對待別人和對待自己的方式是一模一樣的。只是我們沒有意識到罷了。多麼不可思議！如果你對正在遭受挫折的人落井下石，那麼你對於自己在遇到困難的時候必然也會自暴自棄。為了你的美好未來，請你從現在就養成好的習慣。遇到那些遭遇不順的人，能幫則幫，至少也要做到不要在傷口上撒鹽。久而久之，你就會發現你的朋友越來越多，敵人越來越少。生活的路上少了許多阻力，多了許多助力，你能不樂開懷嗎?

◆將心比心，多一個朋友

一位美國政壇元老曾說過：「有兩件事對心臟不好，一是跑步上樓，二是落井下石，毀謗別人。」這兩件事情不僅對心臟不好，對於人的整個身心都有害，所以學會體諒很重要。你會發現體諒別人會發揮奇妙的治療效果。

一隻小豬、一隻綿羊和一頭乳牛，被關在同一個畜欄裡。有一次，牧人捉住小豬，牠大聲號叫，猛烈地抗拒。綿羊和乳牛討厭牠的號叫，便說：「他常常捉我們，我們並不大呼小叫。」

小豬聽了回答道：「捉你們和捉我完全是兩回事，他捉你們，只是要你們的毛和乳汁，但是捉住我，卻是要我的命呢！」

立場不同、所處環境不同的人，很難瞭解對方的感受；因此對別人的失意、挫折、傷痛，不宜幸災樂禍，而應要有關懷、瞭解的心情。

成長的路上，化敵為友、親上加親或是朋友之間成仇敵，這些遭遇往往只不過在你的一念之間。選擇不好，可能會影響到你的成功啊！

5 如果自己內心不平靜，那你的生活中就不可能真正平靜

一個人就是一個世界，每個人都是自己世界的主人。

我們常形容風景很美，其實美的不是風景，而是我們的感覺。同樣的道理，我們周圍的一切事物，不論是崇高、滑稽或悲壯，只要注意去欣賞它、體味它，都有一分平靜和諧。這份平靜美好不受價值、地域、人的限制，它完全存在我們的心中，等待我們隨時去感應。

我們每個人都固守著一扇只能從內開啟的小門。很多時候，人生就像是舉止與反應的實驗室，你的情緒正是印證你行為的一種反應。你的心情和生活的關係是每一位有志成功的人都必須考慮的問題，在此我們相信，只有充分的控制你內心的感召力，你才會有動力去做好生命中的一些事情。

心情好比是一顆種子，當它培育在肥沃的土壤中時，會發芽成長，並且不斷

繁殖，直到原先那顆小種子變成許許多多的果實。

卡內基說：「使你快樂或不快樂的，不是你有什麼、你是誰、你在哪裡，或你正在做些什麼，而是你對它的心情。」簡而言之，就是境由心造。

自我調劑，才能獲得幸福的生活。「心靈雞湯」是現在很流行的一個術語。指現代人心靈存在的各種症狀和要達到的理想程度。它告訴我們一個基本的道理：心靈是一個豐富的、有營養的雞湯。我們不能等待外事外物給與我們生活的平靜和美好，只能自己去創造心靈的安寧成分進而感染我們的生活。心靈雞湯需要每個生活在不同感受中的人自己調劑，否則你的生活將失去色彩。

雖然我們無法選擇發生的事情，但是我們可以選擇我們的心情。雖然我們無法調整生活來完全適合我們自己，但是可以調整心情來適應一切的環境。畢竟你的生活並非全部由生命中發生的事所決定，而是由你自己對生命的態度和你內心的情緒來決定的。

不要為小事擔憂。

所有的事情都是小事。

萬一真的碰上大麻煩，請看上一條。

◆永遠都是心靈智慧行動

莎士比亞說：「我們的身體就像一座園圃，我們的意志是這園圃裡的園丁，不論我們插蕁麻、種萵苣、栽下牛膝草、拔起百里香、或是單獨培植一種草木、或者把全國種得萬卉紛披，讓它荒廢不治也好，把它辛勤耕墾也好，那權利都在於我們的心境。」

我們這一代人最偉大的發現是經由改變人類內心的態度，進而可以改變其生命的外在。

假設今天有人用話語傷害了你，你很不開心、很生氣。你不喜歡吵架，所以你走開了。但是你雖然離開了讓你生氣的地方，卻仍然很生氣，你仍然有可能摔碎盤子。因為你並沒有離開被人傷害的心靈情境。你還是一心一意的在生氣。也許你可能短暫的忘掉，但是過幾日想起來之後依然會影響到你的生活。如果你的內心不能真正的想通，不能真正的平靜下來，那麼你的生活就像是一座火山一樣，隨時都有破壞美好的可能。

其實，內心的不平靜是對自己的進一步傷害，對自己的一種不負責任。因為心情的大起大落不僅要花力氣，而且因此而來的生活中的波瀾也會耗費你的精神，所以，聰明的你，別讓情緒左右了你的生活，仔細想一想，自己何苦為難自己呢？

人的情緒就像是一個鐘擺，在適度的正面情緒和負面情緒之間擺動，就會使得鐘可以正常平穩的運轉。而一旦幅度過大，就會對鐘造成損害。但是一點都不擺動的鐘擺也是無用的鐘。所以，我們要追求的是心情的平靜，但也需要適度的擺幅。開心時候扮個可愛的鬼臉，難過的時候找個人傾訴，都是無傷大雅的健康之道。這能夠使我們充分享受生活的同時，可以正確的化解矛盾，解除壓力和煩惱。

從前有個國王，他愛他的兒子甚於世上所有的東西，但是這位王子卻常常為了生活中的瑣事煩躁不安，整個王宮的正常生活都被打亂了。王子多麼渴望生活可以變得美好。因此他一天又一天的消瘦下去，憔悴下去。

國王對這件事情變得很絕望，不知如何是好，他找來最好的醫生、哲學家、神學家來看王子的病情，這些智者研究後對國王說：

「國王陛下，我們告訴你該怎麼做，你得找出一個生活最平靜最美好的人，然後讓王子穿上他的內衣。」

第二天，國王就派他的使者到世界各地找這樣的人。但是這些使者發現的人都不能認為是生活最美好的人。幾個月後，使臣紛紛回到王宮，手上沒有帶來任何內衣。國王傷心之餘，決定去打獵，途中他聽見一陣優美的歌聲，透過歌聲國王暗想，這個人一定是擁有平靜和美好生活的人了。他循著歌聲前去，發現前面有個葡萄園，一個小伙子正在葡萄架上唱歌。

「親愛的小伙子，」他開口說道，「我的兒子快死了，只有你能救他，你要什麼我都可以給你，我只要你的內衣。」國王迫不及待的脫下這個小伙子的夾克，突然之間他愣住了，兩隻手垂了下來。因為這個人根本就沒有穿內衣！

這個故事告訴我們，追求平靜美好生活，不在別的地方，它就該從你的內心尋找。很多時候，我們希望透過外在的汽車、洋樓、旅遊，以為這些就可以讓自己滿足。其實未必，如果你的內心不能夠平靜地話，即使有再多外在的東西，你也不會感到生活中的平靜和美好。

◆良好的心情才會擺平生活中的不平

如果你的女友離你而去，你的生活肯定會惆悵而充滿抱怨。你可以這樣過三天，也可以這樣生活三個月，把你的事業、家庭和朋友統統都影響了。這樣好嗎？其實你不妨想想，這樣的度過，三年跟三個月有什麼區別？三個月跟三天有什麼區別？三天跟三個小時有什麼區別？三個小時跟不難過又有什麼區別?!

愛默生：「保持平靜，並且應該百年如一日。」

你不去控制你的情緒，不去掌控你的內心，你生活中的波瀾難道真的要靠時間這些無法捉摸的東西來掩飾嗎？你從未去說服過自己，假裝平靜的生活就始終有隱患。

所以，你遇到麻煩的事情，一定要保持心情平靜，慢慢的審慎的思考，再採取措施。反應過度常常會做出考慮欠周的行動，審慎可以有時間讓情緒冷靜下來，讓理智的內心來主宰一切，在平靜中，重大的事情會自己組合起來。

6 樂觀開朗天地寬

樂觀者在每次危難中都看到了機會，而悲觀的人在每個機會中都看到了危難。

如果你們的生命中只剩下一個檸檬了，悲觀的人說：「我垮了，我連一點機會都沒有了。」然後他就開始詛咒這個世界，讓自己沈浸在可憐之中。樂觀的人會說：「從這個不幸的事件中，我可以學到什麼呢？我怎樣才能改善我的情況，怎樣才能把這個檸檬做成檸檬水呢？」

人的能力有大小，日子不可能每天都過得轟轟烈烈。在如今快節奏的生活裡，越來越多的人感覺生活太累，覺得快樂離我們越來越遠，仔細琢磨一下，快樂真的就那麼簡單，就在你生命中每一個不為人注意的瞬間，關鍵是我們少了一雙發現的眼睛，少了一顆比較快樂的心。就像一個廣告詞裡說的，其實是你沒有發現，原來最美好的一直都在身邊。生活是不需要注釋的，快樂是一種屬於個人的感覺和心態，只要你用心活著，用心去感受，很多時候都是你開心的時刻。

鮑威爾說過：「永遠的樂觀主義，是一個人力量的加倍器。」

像鮑威爾這樣具有樂觀心態的人，總是相信從內心爆發出來的自我積極力量，是決定自己前途的最大動力。由此可知，樂觀的人生態度直接關係到一個人的前途，也可以說，樂觀是推進你的人生前進的動力。

在樂觀中成長的小孩，長大後將會認為他們注定要功成名就的。在怨恨中長大的孩子，長大之後將得不到美與真愛。在愛中生活的人，在他們的一生中將會把愛心分散給其他人，而且不懂得什麼是恨。

從前有一位老太太，她的大兒子賣雨傘，二兒子靠染布為生。晴天時，老太太擔心老大的雨傘賣不出去；雨天時又擔心老二的布曬不乾。因此她每天都不開心，與「快樂」兩字無緣。

一位鄰居勸她：「妳為什麼不在晴天想老二的布很快能曬透，雨天的時候想老大的傘能賣出去呢？這樣不就可以開開心心過日子了嗎？」

這個故事道出一個道理：人的思維立足點不同，精神狀態也大不一樣。

◆只要保持樂觀，很多時候都是你開心的時刻

樂觀讓處於困境中的人避免產生消極、軟弱、沮喪的神情，它和自信一樣使我們更為順利的走過人生的旅途。當然，我們的樂觀不應當是盲目和幼稚的，否則就會產生可怕的後果。積極向上的心態，建立在真正瞭解自己的基礎上，它能夠激發我們自身的所有才智，而消極的心態，就像蜘蛛網纏住昆蟲的翅膀、腳足一樣，束縛我們的心智，掩埋我們才華的光輝。

有位父親欲對一對孿生兄弟做「性格改造」，因為其中一位過分樂觀，而另一位則過分悲觀。

一天，他買了許多色澤鮮豔的新玩具給悲觀孩子，又把樂觀孩子送進了一間堆滿馬糞的車房裡。

第二天清晨，父親看到悲觀孩子正泣不成聲，便問：「為什麼不

玩那些玩具呢？」

「玩了就會壞的。」孩子仍在哭泣。

父親嘆了口氣，走進車房，卻發現那樂觀孩子正興高采烈地在馬糞裡掏著什麼。

「告訴你，爸爸。」那孩子得意洋洋地向父親宣稱，「我想馬糞堆裡一定還藏著一匹小馬呢！」

樂觀者與悲觀者之間，其差別是很有趣的：樂觀者看到的是油炸甜甜圈，悲觀者看到的是一個窟窿。

所以，無論在事業上，還是在生活中，我都建議你以積極樂觀的態度對待發生的一切事物，比如你可以：

在情緒低落時，不妨去訪問孤兒院、養老院、醫院，看看世界上除了自己的痛苦之外還有多少不幸。如果情緒仍不能平靜，就積極地去和這些人接觸；和孩子們一起散步遊戲，把自己的情緒，轉移到幫助別人身上，進而重建自己的信心。

時常聽聽愉快、鼓舞人的音樂。如果可能的話，和一位積極心態者共進早餐或午餐。

改變你的習慣用語。不要說「我真的累壞了」，而要說「忙了一天，現在心情真輕鬆」；不要說「他們怎麼不想想辦法」，而要說「我知道我將怎麼辦」；不要在團體中抱怨不休，而要試著去讚揚團體中的某個人；不要說「這個世界烏煙瘴氣」，而要說「我要先把自己弄好再說」。

在幻想、思考以及談話中。應表現出你的健康情況很好。每天對自己做積極的自言自語，不要老是想著一些小毛病，像傷風、頭痛等。

當你把這些當成了習慣，你就會驚奇的發現，原來那些經常煩惱我的東西怎麼很久沒來找我了?沒錯，這就是樂觀，你終身受益的好朋友了。

古時候，一位秀才第三次進京趕考，住在一個經常住的店裡。考試前兩天他作了三個夢，第一個夢是夢到自己在牆上種白菜，第二個夢是下雨天，他戴了斗笠還打傘，第三個夢是夢到跟心愛的表妹脱光了衣服躺在一起，但是背靠著背。

這三個夢似乎有些深意，秀才第二天就趕緊去找算命的解夢。算命的一聽，連拍大腿說：「你還是回家吧！你想想，高牆上種菜不是白費勁嗎？戴斗笠又打傘不是多此一舉嗎？跟表妹都脫光了躺在一張床上了，卻背靠背，不是沒戲唱了嗎？」

秀才一聽，心灰意冷，回店收拾包袱準備回家。店老闆感到非常奇怪，問：「不是明天才考試嗎？怎麼今天你就回鄉了？」

秀才如此這般說了一番，店老闆樂了：「喲！我也會解夢的。我倒覺得，你這次一定要留下來。你想想，牆上種菜不是高種嗎？戴斗笠打傘不是說明你這次有備無患嗎？跟你表妹脫光了背靠背躺在床上，不是說明你翻身的時候就要到了嗎？」

秀才一聽，更有道理，於是精神振奮地參加考試，居然考中了探花。

樂觀向上的人，像太陽，照到哪裡哪裡亮，消極的人，像月亮，初一十五不一樣。態度決定我們的生活，有什麼樣的態度，就有什麼樣的想法；有什麼樣的想法，就有什麼樣的未來。

7 對生活充滿熱情

你有信仰就年輕，疑惑就年老；
你有自信就年輕，畏懼就年老；
你有希望就年輕，絕望就年老；
歲月使你皮膚起皺，
但是失去了熱情，就損傷了靈魂。

熱情並不是一個空洞的名詞；它是一種重要的力量，你可以予以利用，使自己獲得好處。沒有了它，你就像一節已經沒有電的電池。它是股偉大的力量，你可以利用它來補充你身體的精力，並發展出一種堅強的個性。有些人很幸運地天生即擁有熱情，其他人卻必須努力才能獲得。無論怎樣，你都需要對一切充滿熱情。也許你距離實現自己的目標有很長距離，但如果你內心燃起熱忱之火，並使它持久地燃燒，不必多久，現在阻擋你成功的阻礙將自動消失。

◆熱情是一種狀態

熱忱和人類的關係，相當於蒸汽對火車頭的關係，它是行動的主要推動力。不管我們的工作是何種的卑微，都當付之以藝術家的精神，十二分的熱忱。也只有如此，我們才能從平庸卑微的境況中解脫出來，不再有勞碌辛苦的感覺，使自己的工作成為自己的樂趣。厭惡的感覺也隨之煙消雲散。如果我們能以充分的熱忱去做最平凡的工作，就能成為最精巧的人。

你會發現，當你越投入，事情就越顯得容易。當你認真地想做，一切都變得很有可能，沒有什麼是太麻煩或太困難的。而你熱情度不高時，任何事情都讓你感到棘手、頭痛，精力與信心也跟著低落。你做起事情來就會事倍功半，費好大的勁才能辦成一件事。

班傑明・富蘭克林小時候就懂得如何運用這個技巧。那時侯他在一家臭味沖天的肥皂工廠裡打雜，由於他竭盡所能地學會了整個製造方式，所以對於自己為成品所做的微薄貢獻，也感到相當的得意。我們大部分人都是半醒半夢地生活著。為什麼你不在每天早上對自己說：「我愛我的工作，我將要把我的能力完全發揮出來。我很高興這樣活著——我今天將要百分之百地活著。」熱情會使你的生活更有動力、更有樂趣，就是例證。

愛伯特呼巴德曾說：「沒有一件偉大的事情不是由熱心所促成的。」好的傳教士與偉大的傳教士、好的母親與偉大的母親、好的演說家與偉大的演說、好的推銷員與偉大的推銷員之間的差別，時常就在於熱心。

真正的熱心並不是你「穿上」與「脫去」可以適合各種場合的東西，它是生活的一種方式，而不是你用來打動人心的事物。它跟大聲說話或多嘴無關，是內在感覺的一種外在表示。許多極其熱心的人都相當的平靜，然而他們生命中的每一種素質、每一句語言與行動，都證實他們熱愛生命，以及生命對於他們的意義。有一些熱心的人說話很大聲，但是大聲並不是熱心所必須的，說話大聲也並不一定表示熱心。

待人處世的時候充滿熱情和真誠，我們的朋友才會多起來，生活才會活起來。

一個寂寞的人看了一個電話的廣告：「有了電話，朋友就來！」

於是，他裝了一支電話，希望朋友跟著來。白天他賣力地工作，回家之後就整晚歇斯底里地盯著電話，心想，他錯過了不少電話。他仍然寂寞，開始為可能漏接的電話而抓狂！

一天他從信箱裡看到答錄機的廣告：有了答錄機，朋友不「漏接！」答錄機裝了一個星期後，他就把它退了，空空的答錄機，房間更加寂寞。

其實，不是有了電話就有了朋友，同樣的不是有了金錢就有朋友，存著一顆真誠和主動熱情的心，才是重要，當你主動的付出關懷與熱情，主動的幫助別人，那麼你周遭的人便會因為你的付出而更加的感謝你，同時你也會擁有更多交心的朋友。

熱情也可以是——你二十四小時不斷地思考一件事，甚至在睡夢中仍念念不忘。事實上，一天二十四小時意識清楚地思考是不可能的。然而，有這種專注卻很重要。如果真這麼做，你的慾望就會進到潛意識中，使你或醒、或夢都能集中心志。

熱情可使你釋放出潛意識的巨大力量。在認知的層次，一般人是無法和天才競爭的。然而，大多數的心理學家都同意，潛意識力量要比有意識的大得多。一家小公司不可能夢想很快就招募到一批奇才。但是，我們相信，如果發揮潛意識的力量，即使是普通人也能創造奇蹟。

◆相信熱情感染成功

《米老鼠》及《三隻小豬》的創始人華德．迪士尼也是憑藉那股瘋狂的熱情成為舉世的巨富，許多年前，華德．迪士尼的生活還很貧困。而今，東起錫蘭島的茶園，西至阿拉斯加的漁村，他是廣被世人所喜愛的人物。遠居北極圈附近的愛斯基摩人，在亞洲的蘇門答臘，都可以看到米老鼠的電影。迪士尼曾說：「與其儲蓄幾百萬美元，倒不如做些好電影來得有趣。」

他原本是住在密蘇里州的坎薩斯城。並且希望成為一名畫家。有一天，到坎薩斯城明星報社找工作，讓總編輯看他的自畫像。總編輯一看他的作品就說不行。說他毫無畫畫的天分，他只好垂頭喪氣的回家了。不久，好不容易才找到工作，那是在教會中繪圖，薪資很低微。因為一直借不到辦公室，便使用父親汽車廠的工作室。

有一天，一隻小白鼠在汽車廠的土地上竄來竄去。迪士尼停下正在作畫的手，抓起麵包屑餵小白鼠。日復一日，小白鼠變得很親人，甚至於爬到畫板上去。不久，他遷往好萊塢開始製作《奧斯沃特與兔子》一連串的卡通影片，但卻全部失敗了。再一次失去了他的工作，又成為一文不名的人了。某日，他在公寓裡正思索有什麼好點子時，忽然想起了在坎薩斯城的汽車廠中，畫板上爬來爬去的小白鼠。因此，華德．迪士尼立刻著手描繪小白鼠——這就是米老鼠誕生的經過。從那以後，華德．迪士尼每週必往動物園研究動物們的動作及叫聲。米老鼠影片中，Mlickey聲音的角色，及許多動物的叫聲，多是由他自己擔任配音。

迪士尼本人全心投入電影的構思之中，只要有一點構想，就與劇本部的助手們共同商議。有一天，他提出了一個構想，欲將兒童時期母親所念過的童話故事，改編成彩色電影，那就是三隻小豬與野狼的故事。助手們都搖頭不贊成，只好取消。但是在迪士尼心中卻一直無法忘懷，屢次提出此一構想，都一再地被否決掉。終於，因為他有著一種無與倫比的工作熱情，並且不斷地提出，大家才答應姑且一試，但是對它卻不抱任何的希望。米老鼠製片時費時九十天，如果《三隻小豬》花九十天是太浪費了，因此，決定費時六十天就完成它。劇場的工作人員皆沒有料到，該片竟受到很多人的熱烈喜愛。這實在是空前的大成功。它的主題曲立刻風靡世界——「大野狼呀！誰怕他，誰怕他？」

而今，世界各地的人大概都看過米老鼠吧！所有成功的秘訣都在於對待一切事物充滿熱情——這就是迪士尼給我們留下的最偉大的啟示。

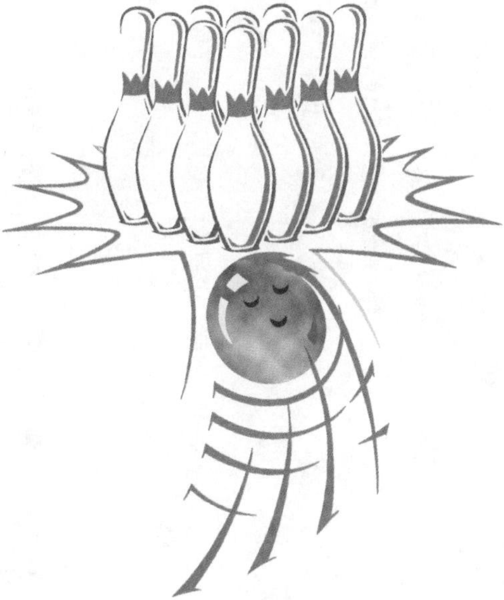

8 建立從內心開始

我們雖然有時不免糊塗，但不要忘記在清醒的時候清醒；

雖然有時也犯錯誤，但在該悔悟的時候不忘悔悟；

有時我們悲傷，但別忘了人生總有波折；

有時我們抱怨，但要明白自己也應負些責任。

這樣我們才可以過著一種複雜和深入的人生而不至於把自己迷失，

才可以在痛苦和快樂的時候保持清醒。

每個人都在埋怨外部逼人的鋒芒，卻很少有人埋怨自己淺陋的內心。

有一次，國王為美麗的公主開宴會，有位士兵在一旁站崗，看到公主經過他面前，她是絕色佳人，他立刻愛上她。

但卑微的士兵怎配得上國王的女兒？有一天，他終於設法接近她，並告訴她沒有她活不下去。公主被他的深情感動，她告訴士兵：如果你能等我一百天，且日日夜夜在陽台下等我，百日之後，我就是你的。

聽了這話，士兵在陽台下等。一天、二天、十天、二十天，暴風雪都抵擋不了他。鳥停在頭上、蜜蜂叮他，他都不動，但是，在第九十天時，士兵全身已蒼白且消瘦，眼淚從眼眶裡流了出來。他已支撐不住了，甚至連睡覺的力氣都沒有。

公主一直注視著他，最後，在第九十九天的晚上。士兵站了起來，提起椅子，走了。

因為他知道，如果一百天的時候公主會出來，她現在已經出來了。他的離去只是想讓這遺憾由自己來承擔，而不讓公主覺得內疚。

他可以做到等她，為她付出一切，因為他真的愛她，不過最後一天他走了，是因為他要給自己的愛情留一點尊嚴。

士兵在痛苦和希望的時候保持著應有的清醒。在複雜和深邃的人生中沒有迷失自己的本心。他決定過、努力過、瞭解過、希求過，一切都源自他的內心世界真實的想法。無論是傻瓜似的等待，還是毅然決然的離去。他都好似一種洞悉式的透悟。真正做到了想要做到的一切。

人生是一種感受，在同一環境、同一命運中相處的人，對生活的感受卻可能有所不同。比如同樣是陰天下雨，有的人感到清爽，精神反而振奮，有的人卻感到愁苦壓抑，引發憂傷的情緒。因此善於建造自己的內心世界，就是保持自我的一種情境。

◆爲失敗而低迷，何妨爲成功打造自己

在希臘人看來，生命雖然不能長久，但是卻可以豐富多彩；在希臘那裡，對於生命短暫的意識，和對於生活美好的認識，居然那樣和諧的統一在一起，以致

於在一個混亂無序的世界裡，他們追逐著秩序，在一個苦難深重的時代，他們追求歡樂，這種歡樂，並不是無知的純粹享樂，也不是因為信念死去而放縱的苦中作樂，這種歡樂，乃是對於內心衝動的回應，是對於未來無限可能性的讚嘆，是一個鮮活的生命發出的光芒。

人的許多不必要的煩惱，往往在於沒有把握好心靈這天平，把重要的事情看得太輕，把不重要的事情又看得太重。我們誇大我們以為要誇大的東西，比誇大值得誇大的東西更多；我們輕視我們以為要輕視的東西，比輕視值得輕視的東西更多。

如果一個人能善於對生活轉化感受，把一些事情的意義、價值、利害在自我心中做一種積極的轉換，換一種角度去調整生活、享受生活，他就能比別人活得輕鬆快樂一些。當挫折與不幸來臨時，他也能更快地從中解脫出來。

雨後，一隻蜘蛛艱難地向牆上已經支離破碎的網爬去，由於牆壁潮濕，牠爬到一定的高度，就會掉下來，牠一次次地向上爬，一次次地掉下來。

第一個人看到了，嘆了一口氣，自言自語：「我的一生不正如這隻蜘蛛嗎？忙忙碌碌而無所得。」於是，他日漸消沈。

第二個人看到了，他說：「這隻蜘蛛真愚蠢，為什麼不從旁邊乾燥的地方繞一下爬上去？我以後可不能像牠那樣愚蠢。」於是，他變得聰明起來。

第三個人看到了，他立刻被蜘蛛屢戰屢敗的精神感動了。於是，他變得堅強起來。

不同的心態總是得到不同的收穫。不同的內心世界總是有著對人生不同的感悟。

一位小女孩趴在窗台上，看窗外的人正埋葬她心愛的小狗，不禁淚流滿面，悲慟不已。她的外祖父見狀，連忙引她到另一個窗口，讓她欣賞他的玫瑰花園。果然小女孩的心情豁然開朗。老人托起外孫女的下巴說：「孩子，妳開錯了窗戶。」打開內心不同的窗戶，也許你就看到了希望。

世間有許多東西是值得珍惜的，家庭的溫暖、朋友的友誼、師長的教誨，而最值得珍惜的卻是自己：自己的情感、意志、青春、奮鬥。人生在世，終生與自己相處，打交道最多的是自己，但許多人卻不懂得珍惜自己。在順利時，常常將自己估計過高；而在逆境時，又往往將自己估計得過低。

◆說服你自己

人生之舟不可能一帆風順，面對生活的挑戰，你無法逃避，只有珍惜自己，才能相信自己、保護自己，在競爭中立於不敗。芸芸眾生，活在人世，心境各異。許多的痛苦都是因為不好的心情造成的。珍惜自己，豁達處世，以平和的心境面對人生，結果便會大不一樣。

自己用心想通了的事情，就敢於實行、就敢於無怨無悔的努力。對待事物又沒有一如既往地勁兒，就在於你對這件事情的內心感觸。

有兄弟二人，年齡不過四、五歲，由於臥室的窗户整天都是密閉著，他們認為屋內太陰暗，看見外面燦爛的陽光，覺得十分羡慕。

兄弟倆就商量說：「我們可以一起把外面的陽光掃一點進來。」於是，兄弟兩人拿著掃帚和畚箕，到陽台上去掃陽光。等到他們把畚箕搬到房間裡的時候，裡面的陽光就沒有了。這樣一而再再而三地掃了許多次，屋內還是一點陽光都沒有。

正在廚房忙碌的媽媽看見他們奇怪的舉動，問道：「你們在做什麼？」

他們回答說：「房間太暗了，我們要掃點陽光進來。」

媽媽笑道：「只要把窗户打開，陽光自然會進來，何必去掃呢？」

9 做到眞正的獨立

我有我的使命，誰也不能阻擋我。

著名心理學家威廉詹姆斯說：「世界有兩類人組成，一類是意志堅強的人，另一類是心志薄弱、依賴性強的人。後者面臨人生的時候總是逃避、畏縮不前，但前者不會這樣，他們來自各行各業，然而內心深處都有股獨立和堅強的特質。在一切困難中仍然無所畏懼承擔一切考驗，而達到最後的目標。」

◆請不要問：「我該怎麼辦？」

獨立讓人積極進取，創造成功；而依賴卻讓人絕望而死氣沈沈的生活，永遠沒有改變平凡命運的機會。獨立的心態能使一個懦夫變成英雄，從心志柔弱變為意志堅強，由軟弱消極變為積極向上的人。

獨立是不必凡事去請示；獨立是能按照自己想做的方式去做。獨立是擁有支配的權利！獨立是不必再聽別人使喚！但記住，獨立也是對自己的行為負完全的責任，甚至對別人負責！因為個人的行為會影響別人，當然自己作主，也就要考慮對別人的影響。你想找一卷封箱的寬膠帶，需要自己解決，你可以翻箱倒櫃地找；去鄰居家借；請已經能開車的同學載你去買；也可以冒著雨，走路到附近的小店購買。但是！請不要問別人：「我該怎麼辦？」

你有沒有聽過這樣一個寓言？

有一位鄉下的老人在山裡打柴時，撿到一隻很小的樣子怪怪的鳥，那隻怪鳥和出生剛滿月的小雞大小一樣，也許因為牠實在太小了，還不會飛，老人就把這隻怪鳥帶回家給小孫子玩耍。

老人的孫子很調皮，他將怪鳥放在小雞群裡，充當母雞的孩子，讓母雞養育著。母雞沒有發現這個異類，全權負起一個母親的責任。

怪鳥一天天長大了，後來人們發現那隻怪鳥竟是一隻鷹，人們擔心鷹再長大一些會吃雞。然而人們的擔心是多餘的，那隻一天天長大的鷹和雞相處得很和睦，只是當鷹出於本能在天空展翅飛翔再向地面俯衝時，雞群出於本能會產生恐慌和騷亂。

時間久了，村裡的人們對於這種鷹雞同處的狀況越來越看不慣，如果哪家丟了雞，便首先懷疑那隻鷹，要知道鷹終歸是鷹，生來是要吃雞的。愈來愈不滿的人們一致強烈要求：要嘛殺了那隻鷹，要嘛將牠放生，讓牠永遠也別回來。因為和鷹相處的時間長了，有了感情，這一家人自然捨不得殺牠，他們決定將鷹放生，讓牠回歸大自然。然而他們用了許多辦法都無法讓那隻鷹重返大自然，他們把鷹帶到很遠的地方放生，過不了幾天那隻鷹又飛回來了，他們驅趕牠不讓牠進家門，他們甚至將牠打得遍體鱗傷，許多辦法試過了都不奏效。最後他們終於明白：原來鷹是眷戀牠從小長大的家園，捨不得那個溫暖舒適的窩。

後來村裡的一位老人說：把鷹交給我吧！我會讓牠重返藍天，永遠不再回來。老人將鷹帶到附近一個最陡峭的懸崖絕壁旁，然後將鷹狠狠向懸崖下的深澗扔去，如扔一塊石頭。那隻鷹開始也如石頭般向下墜，然而快要到澗底時牠終於展開雙翅托住了身體，開始緩緩滑翔，然後輕輕拍了拍翅膀，就飛向蔚藍的天空，牠越飛越自由舒展，越飛動作越漂亮，這才叫真正的翱翔，藍天才是牠真正的家園啊！牠越飛越高，越飛越遠，漸漸變成了一個小黑點，飛出了人們的視野，永遠地飛走了，再也沒有回來。

其實我們每個人又何嘗不像那隻鷹一樣，總是對現有的東西不忍放棄，對舒適平穩的生活戀戀不捨？一個人要想讓自己的人生有所轉機，就必須懂得在關鍵時刻把自己帶到人生的懸崖，給自己一個懸崖其實就是給自己一片蔚藍的天空啊。你必須獨立，必須發現真正的自我，然後你將會知道你能做到你想做到的一切。因此為了實現我們的理想，不要做一隻需要庇護的雞，而要做我們內心深處潛藏的鷹。

打仗的時候，長官只要求你幾點幾分攻下目標，而不問你的人是不是過度疲勞，不可能趕這麼快！也不問你的火力夠不夠、糧食足不足，因為他們考慮的是全盤戰況，無法一一照顧你的需要。總之，你生、你死，是你自己的事！在幾點幾分攻下那個據點，則是你無法逃避的責任。這就是獨立，意味著自主，也意味著責任。在這個過程中你始終都會痛苦並快樂著。

◆眞正的獨立意味著什麼？

心理學家常常告訴我們，生活中真正的獨立並不簡簡單單就是你離開了家門自己生活，它包括各方面的內容，不妨對照一下，問問自己是否做到了真正的獨立呢？

生理和心理的健康。這是你獨立自主的基石。好的身體才可以自己照顧好自己，減少依賴別人的時間。

為你帶來成功的自主意識。這是你獨立自主的思想。行動未做，思想先行。

獨立的經濟。這是你獨立自主的依託。不妨想一想，如果經濟命脈被切斷了，你還能夠無憂無慮的笑傲人生嗎？

出於本心而能表達自我的工作。這是你獨立自主的事業。做自己喜歡的事情，走自己的道路，就善莫大焉了。

真正的友誼。這是你獨立自主的寄託。獨立不是孤獨，人總是需要有精神寄託的。擁有了可以信賴的朋友，你的獨立就總會有可以充電的地方。

無所畏懼的自信。這是你獨立自主的泉源。自信才會有勇氣，才敢走出家門，赤手空拳的創造自己的未來，不是嗎？

看看亨利寫過的詩句吧：「我是命運的主人，我主宰自己。」

斟滿彼此的酒杯，但不要同飲一杯。把你的麵包給對方，但不要吃同一個麵包。一同唱歌、跳舞、歡樂，但要保有自我。就好像琵琶的弦是分開的，但同奏一首曲子。

10 相信自己的直覺

直覺思維是一種心理現象。它不僅在創造性思維活動的關鍵階段發揮著極為重要的作用，更是一個人生命活動、延緩衰老的重要保證。

◆直覺是只有自己才能會悟的玄機

人們的直覺通常為靈感和創造力建造一條精神通道，而且直覺在其指引過程中絕對可靠。儘管直覺正迅速成為現代思維的一個關鍵因素。它依然備受懷疑，尤其是那些偏重理性思維喜愛分析的人士。他們通常認為，某夜在睡覺之前莫名其妙的用幾行潦草的文字就制定了重要的計劃，這畢竟不太容易相信。但是，文字是死的，直覺對於每個人來說是極富個性的一種東西，它是一種獨特的魔力。

科學尚未找出直覺產生的器官位於何處，但這並不重要。事實依然是，人的確可以透過感官以外的來源接受正確的資訊。通常當心靈受到不平凡的刺激所影響時，便會有這種感覺。任何在駕車當中，差點遭到車禍，倖免於難的人都知道，在這種情況下，直覺通常出來救援，在千鈞一髮之際，救人於毫釐之間。

的確是這樣，直覺無法形容，也無法向別人解釋清楚，但很少有人否認它的存在。也惟有透過內在的心靈發現來深思冥想，才能得到對於直覺的體悟。佛家有「天眼通」、「天耳通」，還有一種悟性叫做「他心通」。這其實就是直覺。他們認為，具有這種能力的人可以在危險的時候得到預感，甚至可以和別的人產生某種感應。它的確是一種很神奇的能力。

我還想告訴你一件事實，讓你對直覺有個更充分的認識：

你從電視或是其他一些媒體上看到動物世界的時候，有沒有注意到一種情況，有時候，年幼的山羚跟隨著媽媽出去覓食，在山間竄越，突然又會撒腿狂奔，小傢伙一點也不安分，時時刻刻都表現出對這個世界無比的好奇。忽然，牠從媽媽身邊越過，直向峰頂奔去，速度驚人，一點也不知道疲倦。但是就在懸崖的邊上，牠硬生生的停了下來，還一步步往後退去。為什麼？因為牠本能的感受到了前面存在的危險。或者說，牠天生就有一種類似人類直覺的能力。動物不會像人一樣思考。人類在懸崖邊上的時候，思維總是經過好幾個步驟，「前面是懸崖，很高，我跌下去會死的，不能前進了。」而動物則完全沒有這樣的理性思維，牠就是很直接的感覺。

年幼的嬰孩往往感覺不到周圍危險的存在，這並不是說他們沒有直覺，而是這種獨特的能力長期以來被主導思維的理性掩蓋了，你需要誠意正心，才能重拾起來。儘管如此，我們還是在某些情況下，不經意的流露出這種強烈的感覺。

就在你路上遇到一個異性的時候，突然你感覺好像認識了好久，跟這個人有一種莫名其妙的熟悉，不可避免的產生了好感。我要告訴你，這就是你的直覺在起作用。而且在這種情況下，往往你所表達的是你內心深處真正的想法，換句話說，這也是很多人追求一見鍾情，很多人認為這樣的感情才夠純的唯一原因。

◆成功人士都非常相信直覺

直覺是天生的能力，是最甜美的果實。一個命題第一次被證明是正確的，因為我們憑直覺知道它是正確的。直覺的洞察力通常先於我們的理性思維，因而在某種程度上可以幫助我們預先解決好多問題。心理學家做過調查得出，63％的成功者認為，直覺是他們最為重要的個人特質。透過直覺，對於即將發生的危險，你將及時得到警告而避免，另外，你也將及時注意到機會的來臨而擁抱之。

傳媒巨子默多克喜歡冒險，喜歡賭博，尤其是大賭注的賭博帶給人的那種刺激。他是憑直覺下注的有名人物。

在中學時，默多克就騎著自行車前往墨爾本賭馬，大學時，他曾橫渡英吉利海峽，前往法國迪歐維拉的賭場賭錢。他玩過報紙、電視和衛星，而這些都是他擺弄直覺的玩意兒。

一九九0年，默多克瀕臨破產的邊緣。當時他積欠的債務已超過七十億美元。默多克的財務冒險政策是持續的，而且頗富傳奇色彩，他不斷地向空中拋球，而當球落下時，他大部分都能穩穩地接的正著。當事情結束後，一切看起來又是那麼美好。

一九九0年底，默多克將他旗下的英國衛星電視公司「天空」和天空的競爭對手合併成英國天宇電視新聞網二台。天宇是使默多克走向破產邊緣的幫兇之一，當時光這家公司就讓默多克背負了二十七億美元的債務，這可是默多克生平所下的最大賭注之一。

令人感興趣的是，默多克的冒險行動巧妙地結合了建立在直覺基礎上的逞強好勝和穩健的業務分析。就像默多克所證明的，直覺是一種具有強大力量的決策武器。一九九四年，合併後的BSkyB宣佈獲利二．八億美元，為默多克的投資帶來了大筆收益。

英國學者菲爾霍奇森曾經做過一項研究，發現成功的人士很多都是有效運用直覺的人，他們信賴直覺，因而做決定時快速而有信心，不會花太多時間來衡量得失；只有在必要時才使用分析材料；把直覺看成一種技術，是管理手段的一部分；以直覺判斷作為行動依據，而不是對直覺判斷提出質疑；在判斷事情時沒有所謂方法嚴格與否的問題，只要覺得某件事情是對的或看起來是對的，就會去做。

不僅如此，相信自己的直覺，就會更加強烈的依靠自己，由此而產生自信、而且不易受到條條框框約束。這樣一來，做人就比較灑脫，也比較真實，真正做到了自己的人生為自己而活。很多聰明的女子都認為「感覺對了什麼都對！」無論是在吃東西上、化妝上、穿衣上，還是在美容護膚上，她們都非常信任自己的感覺，而不太喜歡別人強加於自己什麼東西，獲得比較自我。這就是例證。

直覺是引導我們走過人生無數抉擇的重要力量。從事理性判斷時，沒有感覺是不堪設想的，尤其是面臨人生的重大抉擇，諸項事業方向的選擇，應該保留穩定的工作或換一個較不穩定但較有趣的工作、約會或結婚的對象、居住地點，要租房子或買房子等。理想的決定不能只靠純粹的推理，還要靠直覺和過往經驗累積的情緒智慧。一旦這種直覺浮現，我們對選擇的大方向立刻深具信心，從而縮小進一步抉擇的範圍。因此個人決策的一個重要訣竅是：聆聽自己的直覺。

第四篇

親密無間，分享與關懷

1 做自己最拿手的事情

人皆唯其長處所用，不問其短。

毫無疑問，幸福和成就感的一種心態是：儘量做你擅長的事，是最拿手也是最快樂的事。那麼究竟是誰有能力決定你是否有成就感呢？答案只有一個——所擅長即所得。擅長的事情往往做起來充滿順利，這會給你帶來自信的感覺。而且加重你成功的砝碼。就像賽馬一樣，你堅持是用自己的上等馬對別人的中等馬和下等馬，就一直會走在眾人的前面，先到達目的地。

愛因斯坦在讚揚牛頓善於揚長避短的時候說：「他不難瞭解什麼是他所能證明的，什麼是他所不能證明的，這是他天才的一個標誌。」愛因斯坦本人也是如此，他說到：「在數學和物理學兩個領域涉獵的時候，發現自己在數學領域裡的直覺能力不夠強，使自己處於『布裡丹的驢子』的困境。相反，在物理學域，不久就學會了識別出那種能導致深邃知識的東西，而把其他東西撇開不管。」雖然後來為了創立廣義相對論，又花了七年的時間補上數學的缺失，但是他畢竟首先成為了一名功勳卓著的物理學家。我們這些夢想成功的人可以從不同角度分成很多類型，從思維特點來看，有人適合做開創性研究，有人適合從事發展性工作。每個人應選擇自己最拿手的工作，否則，成功的可能性會減少。

俗話說：「女怕嫁錯郎，男怕入錯行。」在人生的座標裡，一個人如果站錯了位置，用他的短處而不是長處來謀生的話，那是非常不明智的，他可能會在永久的卑微和失意中沈淪。因此，對一技之長保持興趣相當重要，即使它不怎麼高雅入流，但可能是你改變命運的一大財富。選擇最能使你的品格和長處得到發展的道路。這樣會使你產生足夠的自信來應對生活中的一切困難。經營自己的長處能給你的人生增值，經營你的短處會使你的人生貶值。富蘭克林就曾說過：「寶貝放錯了地方就成了廢物。」

著名的網球運動員塞萊斯每次比賽後總是意味深長地說：「我唯一能做的就是發揮自己的長處。」如果能做到客觀地審視自己的長處和短處，並將注意力集中到長處，有效地發揮其作用的話，則短處也就自然地不再叫人擔憂和牽掛了。中國人的哲學從來就有一條：如果你的優勢發揮到了極致，你的弱點也就無所謂了。中國大陸乒乓球在國際賽場上常盛不衰，就說明了這一點。反手一直是中國隊員們的弱點——所以他們很少使用反手，他們總是傾盡全力訓練正手，從而使得他們的正手攻無不克，這就足以奠定了中國大陸隊乒壇王者的地位。

◆所擅長即所得

世間萬物，各有所長。鳥類因為有翅膀而翱翔天空；魚類因為諳水而遨遊江海。牠們依靠自己的特長成為萬物中的一員，在永恆的生存競爭中穩居一席之地。如果牠們放棄自己的長處，就只能在生存競爭中成為優勝劣汰的犧牲品。人生的訣竅同樣是要善於經營自己的「拿手好菜」。曾聽過這麼一個故事：

有個小伙子大學聯考落榜後，心情非常沮喪，於是成天遊手好閒，心煩了便上街「打人」，發洩憤懣，成了人見人怕、遠近聞名的「惡人」。

某日，小伙子應「邀」進某大學「打人」，恰好該校正在大禮堂舉行一場題為「專家指點成功之路」的演說，被打的對象正在聽演講，於是小伙子就站在門口等著。

在等待的過程中，小伙子無意間聽到了老教授的演說辭：「每個人都有自己的長處，要想成就偉業，你就得善用自己的長處。」小伙子聽後深受啓發。

散會後，他找到了這位老教授，滿臉沮喪地問道：「您說每個人都有自己的長處，可是我卻什麼也沒有啊！」

老教授隨意瞭解小伙子的一些情況後，和藹地說：「你現在不就是正準備利用你的長處嗎？」

小伙子愣住了。老教授接著說：『「打人」其實也是一種長處，只看你用它來做什麼。如果你把它用於打擊邪惡勢力，懲治犯罪分子，那你就實現了你的人生價值，甚至能以之成就一番事業呢！」

在老教授的指點下，小伙子終於若有所悟。於是，在當年招收警察的考試中，小伙子報名了。在警隊裡，他表現突出，屢次勇鬥歹徒而立功受獎。終於事業有成了。

這是一個「失足」小伙子利用自己不成長處的「長處」，走向成功的典型例子。從中我們不難發現，善用自己的長處是多麼明智的選擇。做自己最擅長的事情，發揮自己的比較優勢。然後拿來和別人交換，不失為最聰明的做法。

人生的訣竅就是要善於經營自己的長處。微軟公司總裁比爾·蓋茲的最高文憑是中學，在哈佛大學他沒讀完就去經營他的電腦公司了。他是及早發現自己的長處，並果斷地去經營自己長處的人，所以二十歲就開創了自己的未來之路。

別總想著去「模仿」別人的優勢，不然你就會成為因羨慕飛鳥而被老鷹帶上天的烏龜，到頭來只能摔得四分五裂。所以，一件重要的事是發揮自己的特長，把它變成明天成功的基石。經常聽到有人這樣說：「你瞧瞧，我多麼不容易，費了這麼半天勁把這事辦成了，我很行吧？」一般人不以為你費了這麼半天勁折騰才完成一件事很行，反而懷疑你的能力。這就是你沒有做自己拿手的事情，你錯了。別人費半天勁才能做的事，你輕輕鬆鬆就做成，這才是你的長處。做這樣的事情不僅自己放心，別人也會舒心。不是嗎？

在廣袤的草原上，一隻小羚羊憂心忡忡地問老羚羊：「這裡一望無際，沒遮沒攔的，我們又沒有鋒利的牙齒，難道天生就要成為獅子、老虎的腹中物不成？」

老羚羊回答：「別擔心孩子，我們的確沒有鋒利的牙齒，而我們卻擁有可以高速奔跑的腿，只要我們善於利用它，即使再鋒利的牙齒，又能拿我們怎麼樣呢？」

2 利用別人的長處

尺有所短，寸有所長。

很多人不知不覺替自己挖了個墳墓，因為他不懂得怎樣把責任分攤給其他人，而堅持事必躬親。其結果是：很多枝節的小事使他非常混亂。他常覺得很匆促、憂慮、焦急和緊張。要學會與別人合作，利用別人的長處。這當然需要很大的精力去發現，但是如果你想要獲得更大的發展，卻非要這樣做不可。

現在有的老師，眼中只有好學生，就是那些成績好、聽話的學生。多數事情都交給好學生來做，而成績不好的學生，則連做事的資格也沒有，總覺得他們這也不行，那也不能，對他們不信任，更看不到他們身上的長處。試想，老師用這種方式來處理問題，又怎麼去教育學生學會做事呢？同樣，有的班幹部也不善於發現同學們身上的優點，只看到自己的長處和別人的短處，久而久之，就沒有人喜歡他了。當他向同學們發號施令的時候，自然沒有人理睬。

考慮一個問題，如果你對於自己想做的某件事是門外漢，這件事還能做成功嗎？按照一般的思維，回答是否定的。可是，現實當中我們常常看到很多人，他們對所從事這一行懂得很少，卻取得了巨大的成功。比如，對鋼鐵、冶金技術一竅不通的卡耐基卻成了美國的鋼鐵大王，你說奇怪不奇怪？

其實，研究一下卡耐基的做事方式，你就會明白他的成功絕非偶然。卡耐基雖然不懂得鋼鐵、冶金技術，但他卻很善於發現人才，善於發揮他人的長處，並時時注意讚美別人。所以，在他的門下，有許多精通冶金工業技術、擅長發明創造的人在為他工作。其中，最出色的專家之一就是煉鋼工程專家比利・瓊斯，瓊斯幾乎每天都在為卡耐基公司埋頭苦幹。

卡耐基曾經說過：「一塊錢的價值還是一塊錢，一個人的價值卻是無限的。在某一方面我是門外漢，並不意味著我在這方面就沒有價值，我可以抓住別人的價值，來彌補自己的不足。只要善於利用別人的長處，自己就能夠變成長處最多的人。」

當卡耐基去世的時候，尊敬他的人們在他的墓地立了一塊碑，碑文寫著：「一個知道利用比他本人能力更強的人來為他工作的人安息於此。」

因而，關鍵是我們是否能夠靈活自如地掌握用人與合作的本領。在與他人協同工作時，如果你能夠善於協調、用人所長，你就能夠在競爭中立於不敗之地。

◆學人之長和用人之長一個都不能少！

我曾經看過美國總統林肯的一段趣聞軼事，很有啟發。林肯總統在任期間，正值南北戰爭。開始，他在任命軍隊總司令的時候，強調總司令應沒有重大缺點。可是，根據這種方針選用的幾個將領，雖然他們所領導的北軍在人力、物力上都處於絕對優勢，但不斷被南軍那些渾身都是大小缺點的將軍打敗。

一八四六年，林肯改變了用人方針，他決定利用雖然有缺點，但在用兵作戰方面有突出特長的人。愛酗酒的格蘭特被任命為總司令。結果一公佈，大家紛紛反對，認為這種貪杯的人不能做將軍。可是林肯卻不為所動。他知道，格蘭特雖然有酗酒的毛病，但他卻是個能夠運籌帷幄、決勝千里的人。他相信，只要利用格蘭特的積極性，並適當控制他的酗酒毛病，就一定能做到人盡其材。後來的事實充分證明林肯的決策是正確的。

只有那些善於利用別人的長處，敢為天下先的民族才能跟上時代潮流，不被歷史所淘汰。三十六計中有一計即是「藉梯登樓」，說的就是利用別人的長處達到自己的目的。

◆君子生非異也，善假於物也

本田公司的創始人本田宗一郎也是一個善於用人的組織者。在他的回憶錄中，曾記錄了他與藤澤武夫的合作。他寫道：「當我在一九四八年第一次見到藤澤武夫時，就發現他所具有的正是我所缺少的，雖然他對機械問題完全是門外漢，但他卻是一個超級推銷員。我認定他將是一個企業家式的人才，於是委任他做了公司的第二負責人。後來，我們的合作產生了驚人的效果。」

現實生活中這類藉雞生蛋的例子還有很多。利用別人的長處，不同於損人利己。它使你得到利益的同時也使你的合作者有了充分發揮的空間，他也會為能夠發揮自己的優勢而感到舒暢和愉快，並且也將得到他應該得到的份額。這個世上的人，只有專才，沒有全才。只有充分利用別人的長處，互相發揮優勢，才能共贏，才能成功。因此，合作共贏是當今社會發展的主題。

菲律賓利用德國的先進技術和管理經驗，德國利用菲律賓的廉價勞動力和廣大的市場，成就了世界汽車史上成功合作的典範。一方面，菲國的汽車業有了突飛猛進的發展，有了質的變化；另一方面，德國人開發了一個很好的市場，銀子當然也賺得盆滿缽溢。

學人之長，用人之長。多看別人的長處，一起工作時就會輕鬆愉快。能學習別人的長處，時間長了可能就會潛在的提高自己的能力。會利用別人的長處，對你們的工作就有好的推動作用。清代詩人顧嗣協有一首《雜興》詩：「駿馬能歷險，力田不如牛。堅車能載重，渡河不如舟。舍長以就短，智者難為謀。生才貴適用，慎勿多苛求。」

歷史上還有不少由於用人不當，沒有利用別人長處的事例。「孔明揮淚斬馬謖」就是典型一例。馬謖因失利街亭被斬，有人便認為他是平庸之輩，實際上，馬謖的長處是善於出主意，是一個出類拔萃的軍事參謀。建興三年，孔明南征大捷，就是馬謖獻的妙計。但是領兵打仗是他的短處，缺乏實戰經驗。而他的對手恰好是善於領兵打仗的魏國名將張合，以馬謖之短對張合之長，就是馬謖慘敗的原因。

所有這些事告訴我們：揚長避短，合理使用，則世上有很多可以合作共贏的人。關鍵在於要能容人之短，又肯於耐心細緻地去發掘別人固有的特長。

3 分享一切

每個人都是一個單翼的天使，只有互相擁抱，我們才能飛翔。

◆富貴不歸故鄉，如錦衣夜行

每個人都在朝向自我成功的路上奔走，我們在造就自己的同時如果也能造就他人，這樣不就更好嗎？懂得和別人分享一切，就會使得你的朋友圈子越來越大，你會越來越受到周圍人的愛戴和尊重，進一步來說，就會獲得更多的機會。

有記者曾經向李嘉誠採訪成功的訣竅。李嘉誠回答道：「訣竅談不上，經驗倒有一條。就是學會分享，當我跟別人合作時，假如『七分』是合理，即使拿『八分』也不過分，但我只拿『六分』。」

親愛的朋友，如果抱著分享的精神，試問一下，跟你合作的人是越來越多還是越來越少呢？

分享其實也是一種對於自己的滿足。古代有一句話：富貴不歸故鄉，如衣錦夜行。你所獲得的財富名望基本上都是為了得到別人的肯定，帶來一種滿足感。如果沒有人來一同分享，我們的成功就毫無價值，因為我們最渴望的就是能與他人的心靈相會。在和別人分享你的成就和財富的時候，你的慷慨你的好都會得到大家的讚譽，而你也會變成一個有口皆碑的人物，且給你極大的愉悅。

以自己為生命的中心，同時抱著你好我好大家好的態度，為自己取得成功快樂的同時，使其他人及整個社會也有所提升。你會覺得自己的所作所為更有意義。

人生就像是搭上了一輛長途汽車，是因為你要去某個地方─「人生目標」，遇到另一位乘客─「他人」坐在你的身旁，你與他分享沿途的風光，也從交談─「分享」中獲取良多─「成功、快樂、幸福」。如果後來發現你們的目的地不同，他可能比你先下車，可以開心的分手，也會交換彼此的聯繫方式，以便日後聯繫。如果你比他更早下車，同樣，你也會開心的說聲再見，並相約日後保持聯絡。

當你覺得委屈、難過、失落的時候，你總是想找一個能夠傾訴的對象，把你的心情告訴他，獲得他的安慰和體貼。痛苦有了兩個人分擔，你的痛苦就成了一半；幸福有了別人的分享，你們就都會擁有那種溫馨的感覺。這種始終受益的事情，就來自於你分享一切的態度。分享，無論是快樂還是苦痛，無論是有錢還是沒錢，都是尊重別人的一種方式，在你獲得更大的幸福的同時，對方也由於你對他的重視和信任而感到人生的重要價值。雙方達到了雙贏的結果。

親密關係的最大隱憂，就在於人們都想從對方獲得能使自己愉快的感覺。事實上，親密關係要想恆久保持，你就得把它看成是一個「捨」而非「得」的地方。一個人是孤單的，只有朋友在一起的時候，你才會感覺真正的快樂。因為快樂是需要分享的。

◆獨樂樂與眾樂樂，孰樂？

分享是快樂的。在大家的歡聲笑語中一起分享零食。對朋友說著自己的近況，分享著歡笑和淚水。獲得榮譽時特別想向曾幫助過你的人，分享成功的喜悅。尋找到自己的知己或家人，分享自己的秘密。落寞的時候，分享你的孤獨。因此說幫助別人的人是世界上最幸福的，不僅僅是奉獻，還有分享。

兩位釣魚高手一起到魚池垂釣。這兩人各憑本事，一展身手，隔不了多久的功夫，均大有收穫。忽然間，魚池附近來了十多名遊客，看到這兩位高手輕輕鬆鬆就把魚釣上來，不免感到有幾分羨慕，於是都到附近買了一些釣竿來試試。

沒想到，這些不擅此道的遊客，怎麼釣也是毫無成果。話說那兩位釣魚高手，個性相當不同。其中一人孤僻而不愛搭理別人，只顧獨釣之樂；而另一位高手，卻是個熱心、豪放、愛交朋友的人。他看到遊客也在釣魚，就說：「這樣吧！我來教你們釣魚，如果你們學會了我傳授的訣竅，而釣到一大堆魚時，每十尾就分給我一尾。不滿十尾就不必給我。」

雙方欣然同意。教完這一群人，他又到另一群人中，同樣也傳授釣魚術，依然要求每釣十尾須回饋給他一尾。一天下來，這位熱心助人的釣魚高手，把所有時間都用在指導垂釣者，獲得的竟是滿滿一籮筐的魚。迎接他的都是一陣陣興奮的叫聲、驚嘆與讚美，還因而認識了一大群新朋友。同時，左一聲「老師」，右一聲「老師」，備受尊崇。另一方面，同行的另一位釣魚高手，卻沒享受到這種服務人群的樂趣。當大家圍繞著其同伴學釣魚時，那人更顯得孤單落寞。悶釣一整天，檢視竹簍裡的魚，收穫也沒有同伴的多。

當你將蘋果與他人互換，你還是只有一個蘋果。當你將快樂與別人交流，你就擁兩份快樂了。這句淺顯的哲理告訴我們，生活的點滴要與人分享。當欣賞睡蓮時，你與莫內共用快樂；當欣賞向日葵時，你與梵谷共用陽光；當欣賞牡丹時，你與張詔石共用雍容。當品味餘霞時，你與落日共用餘暉；當品味清霧時，你與月桂共用清香；當品味星空時，我與造物主共用靜寂。

我是凡人，所以我喜歡牽掛別人，也在乎別人是否牽掛我。而你呢？

4 學會讚美別人

如果想獲得別人喜愛，就得先去愛別人。真心誠意地讚美別人就是對別人的尊重對別人喜愛的一種表現。

你有沒有嚮往過這種情況：每一天，在你的周圍，都生活著一群和善的人，一群友愛的人，他們和你有說有笑，共同享受生活的美好。在你獲得榮譽和成功的時候，他們會不失時機地稱讚你，讓你有一種眾星拱月的滿足感覺。而當你遇到了困難，他們會幫助你、安慰你、鼓勵你，直到你恢復信心，重新獲得自豪的成績。

這種人際之間的和諧，本來就是每個人成功目標的一個不可分割的部分。試問有誰不希望得到別人的肯定和讚譽呢?也許有的人會抱怨說自己周圍的人都是不懂得欣賞自己，並且自私自利的傢伙。也許有人說身邊的人都太難相處。但是，很少有人反思自己為人處世的態度。

世界上的事情往往就是這樣，總是希求從別人那裡得到些什麼，卻常常忘了自己要先給與別人東西。將心比心，你自己想得到的東西，別人肯定也是心嚮往之。尊重和讚美向來就是一個互動的過程、一個彼此試探的過程。所以，在你渴望這些東西的同時，不妨先想想自己究竟是否真心發現了別人的好，真心讚美了別人的好。

◆讚美的回聲總是來自讚美本身

有個小男孩出於一時的氣憤對他的母親喊道他恨她。然後，也許是害怕懲罰，就跑出房屋，走到山邊，並對山谷喊道：我恨你，我恨你，我恨你。接著從山谷傳來回音：我恨你，我恨你，我恨你。

這個小孩有點吃驚，他跑回屋裡對他母親說，山谷裡有個卑鄙的小孩說他恨他。

他母親把他帶回山邊，並要他喊：我愛你，我愛你。

這位小孩照他母親說的做了，而這次他卻發現，有一個很好的小孩在山谷裡說：我愛你，我愛你。

人的生命就像是傳送的回聲，你送出去什麼，它就送回什麼，你播種什麼應收穫什麼，你給予什麼應得到什麼。別人有的事情，你也會有。不論你是誰，也不論你在做什麼，如果你尋找最好的方法，以便在人生各方面得到最好的收穫，那麼你就應該在對待每一個人和每一種情況時，尋找良好的一面，熱愛別人，讚美別人。

莎士比亞曾經說過這樣一句話：「讚美是照在人心靈上的陽光。沒有陽光，我們就不能生長。」心理學家威廉姆・傑爾士也說過這樣一話：「人性最深切的需求就是渴望別人的欣賞。」

在人與人的交往中，適當地讚美對方，會增強這種和諧、溫暖和美好的感情。你存在的價值也就被肯定，使你得到一種成就感。邱吉爾曾經說過這樣一句話：「你要別人具有怎樣的優點，你就要怎樣地去讚美他。」

實事求是，而不是誇張的讚美，真誠的而不是虛偽的讚美，會使對方的行為更增加一種規範。同時為了不辜負你的讚揚，他會在受到讚揚的這些方面全力以赴。讚美具有一種不可思議的推動力量，對他人的真誠讚美，就像荒漠中的甘泉一樣讓人心靈滋潤。許多傑出的音樂歌唱者或運動員之所以在後來的專業領域中能大放異彩，大多是年幼時參與歌唱、運動等活動表現優異時，受到讚賞激發出一股自信與衝勁而引發出潛力的。

因此在生活和工作當中，我們也應該這樣，以讚美來啟迪人們內在的動力，自覺地克服弱點，彌補不足，這比你去責怪，比你去埋怨會有效得多。這樣將會使人們都懷著一種積極的心態，創造出一種和諧的氣氛，而有利於事業的成功和生活的幸福。由衷的讚美所帶給對方的愉快及被肯定的心情，也使你分享了一份喜悅和生活的樂趣。

有位老師進了教室，在白板上點了一個黑點。

他問班上的學生說：「這是什麼？」

大家都異口同聲說：「一個黑點。」

老師故作驚訝的說：「只有一個黑點嗎？這麼大的白板大家都沒

有看見？」

你看到的是什麼？每個人身上都有一些缺點，但是你看到的是哪些呢？是否只有看到別人身上的黑點，卻忽略了他擁有了一大片的優點？其實每個人必定有很多的優點，換一個角度去看吧！你會有更多新的發現。生活中，人與人之間常常因為一些無法釋懷的堅持，而造成永遠的傷害。如果我們都能從自己做起，開始用讚美的眼光看待他人，相信你一定能收到許多意想不到的結果。給別人開啟一扇窗，也就是讓自己看到更完整的天空。

讚美是我們與每一個生命共譜的戀曲。世界上，再也沒有任何比讚美的力量更具魅力，因為沒有一個人會忍心拒絕或抵擋，來自另一個心靈最真誠的呼喚。

◆讚美的原則

隨著我們的成長，或許我們已經不會為了別人的一句讚美而徹夜不眠，但是我們聽到讚美時的美好感覺並不能抹去。在潛意識裡，我們都渴望別人崇拜的眼神，渴望別人的讚美。這是每個人都會有的渴望。推己及人，別人也渴望我們的讚美。所以，學會讚美別人往往會成為你處世的法寶。

一定要真誠

讚美絕不是虛偽，一定要真誠。朋友把事情搞砸了，你卻「不失時機」的讚美道：你做的真好，我還做不到那個樣子呢！這個時候，你的朋友會有被讚美的「美妙感覺」嗎？有人說恭維不過是幾句話的空氣而已，但是我強調，出於誠摯、真心的衷心恭維，事實上是最有效的教導與驅動。恭維似乎把空氣放得太多了，但是就像我們用來灌滿汽車輪胎的空氣一般，能為我們解決人生高速公路上的一些疑難問題。

對事不對人，稱讚他過去的成就及所屬物

讚美也絕不是阿諛奉承。如果你的讚美毫無根據，只是說：「你真是太好啦！」或者「我對你的佩服如滔滔江水連綿不絕。」之類的話，恐怕沒有什麼人會認為你真的是對他們充滿了善意吧！所以，一定要讚美事情本身，這樣你的讚

美才可以避免尷尬、混淆或者偏袒的情況發生。比如，你可以這麼說：

「小張，你今天這件衣服真漂亮！」

最好不要這麼說：

「小張，你是我們當中最好的人。」

如果讚美對方「你真是個好人」，即使是由衷之言，對方也容易產生「又不是太熟，你怎麼知道我是好人？」的疑念及戒備心。如果讚美過去的成就或行為，情況就不同了。讚美這種既成的事實與交情的深淺無關，對方也比較容易接受。也就是說，不是直接稱讚對方，而是稱讚與對方有關的事情，這種「間接奉承」在相處時更加有效。

讚美對方引以為豪之處，可使對方敞開心扉

要恰如其分地讚美別人是件很不容易的事。如果稱讚得不得法，反而會遭到排斥。為了讓對方坦然說出心裡話，必須儘早發現對方引以為豪、喜歡被人稱讚的地方，然後對此大加讚美，也就是要讚美對方引為自豪的地方。在尚未確定對方最引以為豪之處前，最好不要胡亂稱讚，以免自討沒趣。試想，一位原本已經為自己身材消瘦而苦惱的女性，聽到別人「讚美」她苗條、纖細，又怎麼會感到由衷的高興呢？而另一方面，當對方對你的讚美表現出良好反應時，就要改變一下方式，再次給予讚揚。如果只是蜻蜓點水式地稍加讚美，對方可能會認為是恭維或客套話，而對一件事重複讚美，則能提高它的可信度，讓對方覺得你是真心實意地讚美他。

相信，當你終於學會讚美別人的時候，你一定可以獲得一個更廣闊的天空，一個更絢爛的世界。被人愛的唯一途徑就是溫柔而甜蜜。

5 學會批評

Kiss and Kick

人無完人。在這個世界上，沒有人不會犯錯誤。如果人與人的相處僅僅為了贏得別人的好感就一味的逢迎別人。這樣即使你獲得了周圍所謂的「和善」，但是卻失去了自我的靈魂。而且，長時間單純的稱讚也會使別人懷疑你的動機。要知道，人生在世，不可能不做得罪人的事情，不可能不說得罪人的話語。只要你是出於道理，出於「善意」。有時候偶爾這樣一說一做，也感到內心無比的順暢和爽快。

批評別人和批評自己一樣，都是一種幫助，你的出發點只要不是吹毛求疵、無事生非，那麼就會有充足的理由來一次入木三分的批評。況且，在你批評得當的時候，往往會受到意想不到的正面效果，如果別人覺得可以接受，反而可以大大增強你們之間的關係。

◆批評是另一個角度的幫助

批評不是為了傷害，其本意乃是基於幫助的善心。只要你本著這個原則，時時提醒自己，就不至於在用詞的時候說得過火，掌握不好分寸，以致幫了倒忙。反倒失去了良好的人際關係。因此，人與人之間的相處，無論是什麼都講究藝術，都講究技巧。好讚譽惡指責，這是人之常情。從這個意義上來講，批評比讚美更難做出。因此，在我們想要做出這一步的時候，最好能夠先懂得批評也是需要學習的。

面對別人的錯誤，你可能要忍不住大發雷霆。狂風暴雨過後，你可能會沮喪的發現，你的「善意」並沒有被對方所接受，甚至，換來的結果可能讓你追悔莫及。批評對誰來說，都不是一件讓人愉快的事。但是如果你能夠掌握適當的批評的技巧和方法的話，相信你們的交流能更容易些。

◆成功的批評

你的批評是否是「成功」的，基本上決定於你採用的態度。沒有人喜歡被批評，不要相信「聞過則喜」。如果你只知道指責別人或者簡單說明你的看法，你將會發現，除了別人的厭惡和不滿外，你將一無所獲。然而，如果你能夠讓對方感覺到你是真心誠意來解決問題糾正錯誤的，而不是僅僅來發洩你的不滿，況且你的態度又如春風化雨般的柔和，那麼你將會獲得成功。

批評不是聯歡會

被批評可不是什麼光彩的事，沒有人希望在自己受到批評的時候召開一個「新聞發表會」。所以，為了被批評者的「面子」，在批評的時候，要盡可能的避免第三者在場。不要把門大開著，不要高聲的叫嚷似乎要全世界的人都知道。在這種時候，你的語氣越「溫柔」越容易讓人接受。

批評前先提到自己的錯誤

春秋戰國時期，宋國有個人叫樂羊，他外出求學，數年未歸，撇下了家中年邁的母親和新婚的妻子。

她們的生活十分困難，有一天，婆婆實在忍不住，偷了鄰居家的一隻雞，宰好後燉成了湯等候去做農活的媳婦。

樂羊的老婆回到家中，知道了這件事情，覺得婆婆做錯了。但是她只是自言自語的說道：「我真是沒用，不能夠賣力的工作，奉養老人，讓婆婆吃苦了。」說罷，也不吃桌上的雞湯。

婆婆聽了這些話中的批評之意，覺得很慚愧。

雖然沒有正面規勸。但是樂羊妻子的這番話發揮了應有的效果。婆婆向鄰居道了歉。從此婆媳之間更無芥蒂，共同面對困難。

在批評別人之前提到自己曾犯有類似的失誤，可以拉近兩個人的距離，讓對方感覺到你和他出於同一戰線，這種失誤都是很平常的，不可避免的。這個時候再進行批評就有了更大的承受範圍，變得比較柔和了。

對事不對人

批評時，一定要針對事情本身，不要針對人。人身的攻擊最能破壞兩個人之間的感情。誰都會做錯事，做錯了事，並不代表他這個人如何如何。錯的只是行為本身，而不是某個人。這就需要保持相對的冷靜，不要為了爭一口氣就迫不及待，最終離初衷越來越遠。夫妻之間的相處往往體現了這一點。剛開始只是常規的批評，但是太過要強的個性，使得後來的爭吵早就偏離了原來的主題。變成人身的攻擊，對雙方傷害尤其深刻。

風雨之前的平靜

不要一上來就開始你的「牢騷」，先創造一個盡可能和諧的氣氛。做錯事的一方，一般都會本能的有種害怕被批評的情緒。如果很快的進入正題，被批評者很可能會產生不自主的抵觸情緒。即使他表面上接受，也只不過是礙於面子。所以，先讓他放鬆下來，然後再開始你的「助人為樂」。記得有句話說的很好——Kiss and Kick（吻後再踢），這樣才能達到比較好的效果。

用暗示的方式提醒他人注意自己的錯誤

《戰國策》中有一個故事說，韓國有個大臣負責修築城牆，為了儘快完成工程，對於每個工人都很嚴苛。

工程完工的時候，有個人因為小的失誤居然被關了起來，等候發落。他的兒子為了救他，就找到當時的一個說客，向他懇求道：「先生，現在只有您能救我的父親了。」

這個人請他放心，就去找那個大臣。他對那個大臣說：「恭喜你啊！這麼快這麼好的修成城牆，恐怕你是韓國歷史上的第一人了。而且，我還聽說，這次修築過程中沒有一個人受到處罰，更是您的巨大的政績了。」

大臣客氣的寒暄了幾句，回去之後就把那個人偷偷的放了。

在這裡，說客並沒有直接的批評大臣的粗暴做法，而是裝作不知道，暗示大臣如果不處罰工人，那將會是更大的成績，結果取得了應有的效果，難道不值得我們仿效嗎？

你要找到解決問題的辦法

當你批評的時候，你在說他做錯了。在這同時，你必須要告訴他怎麼做才是正確的。這才是正確的批評方法。不要只是「比手畫腳」。一定要他明白：你不是想追究誰的責任，只是想解決問題。而且，你有能力解決。單純的批評而沒有任何建議很容易招致對方的反感，覺得你沒有任何的幫助。

你可以理解，在生活當中，不到不得已時，絕不要自作聰明地批評別人。但是，有時善意的批評是對別人行為的很有必要的一種反饋方式。因此，學會批評還是很有必要的。這其中，最關鍵的一點就是學會含蓄。批評的話太憨實，有時會招來嗤笑；太絮叨，有時會招來煩感；太直露，有時會招來麻煩；太幼稚，有時會令人瞧不上眼。

其實，學會批評還有另外一個重要的方面。因為我們還常常知道要對自己進行反思。這同樣是對於我們自己的幫助和提高。透過不斷的反思和批評自己，你可以對於過去的失誤進行總結，對於今後要走的路更加具有覺悟性。可是，在這個過程中，因為我們是在進行批評，所以儘管是面對我們自己，也是要講究一些策略的。我們對於自己可以不必太多的掩飾，但是，每個人對於自己的過失總是會有一些逃避的情緒，需要一段時間的適應，只知道強迫自己面對，結果只能使自己更加遠離真理，更加原諒自己。在這種情況之下，有必要向批評別人那樣，在風雨之前先來一份平靜，給自己一個充分的反思機會。你會得到意想不到的深刻。不妨試試！你會喜歡這種方式的。

6 跟自己的合作者統一目標

1+1＞2？

一群人各自為政，每個人有著不同的目的，難於統一，這就是群體。比如一輛公車上的人群。而另一群人卻為了共同的目標打拼，這就是團體。好像足球隊的成員。如果你和你的合作者能夠透過一些努力統一目標，就意味著你們從原來的自發變成了自為的人群，開始建立一個堅固的團隊，並且發揮這個團隊的凝聚力，達到共同的目標。成功的人都是善於和團隊成員合作的人，因為成功畢竟靠的是團隊，你說是嗎？

◆不同的大雁，共同的目標

大雁在本能上很知道合作的價值。毫無疑問，你經常會注意到牠們以V字形飛行，而且V字形的一邊比另一邊長些。這些雁定期變換領導者，因為為首的雁在前頭開路，能幫助牠左右兩邊的雁造成局部的真空。科學家曾在風洞試驗中發現，成群的雁以V字形飛行比一隻雁單獨飛行能多飛百分之十二的距離。人類也是一樣，只要能跟同伴合作而不是彼此爭鬥的話往往能飛得更高、更遠，而且更快。

與志同道合的「合作」可使人們獲得雙重的獎勵：一方面可使我們獲得生活所需求的一切；一方面可使我們的內心獲得平靜；這是貪婪者所永遠無法得到的。貪心的人也許可以積聚龐大的物質財富，這一事實是不置可否的。但是他將會為了貪圖一時的小利，而出賣了他的真實靈魂。

只有你的目標和你的合作者的目標相符合時，才能得到周遭廣泛的支援與幫助，因為每個人都明白：幫助你就等於幫助自己。你的身上就會充滿了力量，那麼，還有什麼事情是做不好的呢？

一個人在河邊釣魚，釣絲上的兩個鉤子同時被兩條大魚咬住，由於釣絲太細，在拉扯過程中斷了。當時兩條魚在驚慌之中不可能協調一致的向同一個方向游走，而是你拉我扯，彼此妨礙，導致游動速度減慢，於是那人跳下水，很輕易就將兩條魚捉住了。魚游走的速度絕對是超過人的，只是兩條魚因為前進中缺乏協調和統一，才被抓住了。

1+1〉2？究竟一加一怎樣才會大於二呢？我們不妨先看看一個著名的案例：

德國心理學家馬克思瑞格曼以拔河為例進行過研究，結果他發現了一個非常有趣的結果，三個人的力量並不是簡單等於一個人力量的三倍，而是二．五倍，八個人的力量也不等於一個人力量的八倍，而只有三倍多一點。

當然，這其中可能存在有人搭便車的想法，出工不出力。但是。更重要的卻是合作者之間的協調出了問題，他們缺乏默契，目標不一，產生內耗，相互妨礙，以致於力量相互抵消，最後使得簡單的倍加沒有實現。

讓我們再來看一下「火車管理人員」的團隊模式：列車長之所以能夠使火車開往目的地的惟一原因，就是其他列車員認同這個決定並且尊重列車長的職權。如果，列車長未能適時地告訴司機火車出發的時間，乘客們會下車尋求其他可到目的地的方法，如果司機不遵守大家的默契，還很可能會發生致命的車禍。

現在已經很明白了，要想和你的合作者之間的合作達到1+1＞2的效果，你們首先就應該真正的走在一起，擁有相同的志向，這樣你們之間的聯合才是一個充滿了潛力的團隊，如同那些小球隊打敗明星雲集的俱樂部的例子一樣。否則，就像是公車上偶然認識的人一樣，雖然當時聊得很投機，卻到達不同的目的地，最終無法形成你們的合力。

所以，跟你的合作者統一目標，就是在合作的背景下的共贏。而這就要首先瞭解他的真實想法，究竟這個人值不值得相知、相處、相互提攜。如果你們之間的理想根本就風馬牛不相及，我奉勸你最好及早的更換合作對象，不然走到了半路，他卻要和你分道揚鑣，不是前功盡棄，白辛苦一場嗎？假如這個人真是和你志同道合，那麼他用來達到目標的習慣方式又是什麼呢？這些都是需要留意的。因為統一目標畢竟也是建立在相互瞭解的基礎上。

◆團隊靈魂是默契

作為一個團隊，你和你的合作者都是其中的一員，都不可避免有著固定的角色和分工，而這也是要得到你們彼此之間的認同的。只有你的合作者認為這種分工符合自己的利益和目的，才會欣然而就，產生和你共同奮鬥的動力。只有你們的目標得到相互之間的認可，大家才會覺得這一場努力有個好的兆頭，不然人家憑什麼要和你共事呢？

有一個人作了一個夢，夢中他來到一間二層樓的屋子。進到第一層樓時，發現一張長長的大桌子，桌旁都坐著人，而桌子上擺滿了豐盛的佳肴，可是沒有一個人能吃得到，因為大家的手臂受到魔法師的咒詛，全都變成直的，手肘不能彎曲，而桌上的美食，夾不到口中，所以個個愁苦滿面。但是他聽到樓上卻充滿了歡愉的笑聲，他好奇的上樓一看。

同樣的也有一群人，手肘也是不能彎曲，但是大家卻吃得興高采烈。原來每個人的手臂雖然不能彎曲，但是因為對面的人彼此協助，互相幫助夾菜餵食，結果大家吃得很盡興。

沒有一個人可以不依靠別人而獨立生活，這本是一個需要互相扶持的社會，先主動伸出友誼的手，你會發現原來四周有這麼多的朋友。在生命的道路上我們更需要和其他的肢體互相扶持，一起共同成長。這其中，培養一種心意相通的默契將是你們彼此受益的基礎。

7 學會溝通

多數人最大的問題不是不能愛，而是不能表達、溝通他們的愛。如果我們期望愛的經驗，如果我們想創造愛的關係，我們必須願意去溝通我們的感覺。

◆溝通如何左右互賴關係

人際之間往往是：「日親日近，日遠日疏。」一個階段不接觸就會產生陌生感、疏離感，甚至無端的隔閡，但當我們接近時，就會發現彼此仍是老朋友。這是因為遠距離看人，總是看不清楚，往往會把人看扁了、看偏了；只有近距離看人，才能看得真切、準確，一切又都是合理的、可以理解的。這便引出了「溝通」的重要性。

看電影，總聽到劇中人把「我愛你」掛在嘴裡，有些人可能心中很不以為然：「都已是老夫老妻了，有這種必要嗎？」其實這正是一種感情的溝通。儘管年紀已早過半百，但人們的內心深處仍渴求著當年「海誓山盟」的熾熱的愛，這就需要雙方不斷以「愛的溝通」去慰藉彼此的心，這樣才能永保愛情的青春。夫妻間尚且如此，那麼常人之間的關係呢？則更需要「溝通」去維繫了。

不知道你有沒有聽過下面的事例：

假期來臨，一位父親想帶全家去露營釣魚。他策劃許久，做好一切安排，兩個兒子也興奮的期待著。怎奈妻子卻打算利用難得的假期，陪伴久病不癒的母親。一場家庭爭端彷彿一觸即發。

丈夫說：「我們已經盼望了一年，而且孩子們到外婆家無所事事，一定吵翻了天。更何況她老人家病情並沒有那麼嚴重，又有你妹妹就近照顧。」

妻子說：「她也是我的母親，不知道在世上還有多少日子，我要陪在她身邊。」

「妳可以每晚打電話請安，反正我們會跟她一起過節。」

「那還有好幾個月，不知那時她是否還在人世？母親總比釣魚重要。」

「丈夫、孩子比母親更重要。」

這樣爭執下去，最後或許會有折衷的安排，也許是妻子獨自去探望母親，丈夫帶著孩子去渡假。可是夫妻倆都會有罪惡感；心情不可能愉快，孩子也會察覺到，跟著也不能玩得盡興。要不然，先生向太太投降，但心不甘情不願，有意無意的就想證明如此決定何其錯誤。反之，妻子順從先生的心意，卻毫無玩興。萬一母親的病情稍有變化，她一定反應過度。倘若母親不幸在此時病危或撒手人寰，作妻子的更不會原諒丈夫，丈夫也難以原諒自己。不論如何妥協，總會成為夫妻間揮之不去的陰影，日後再起衝突就會重翻舊帳。

許多原本頗為美滿的婚姻，常為了這類事件日積月累，以致反目成仇。如果這對夫婦感情深厚，彼此信賴，溝通良好。而且都相信有兩全其美的第三條路可走，又能真正瞭解對方的想法，那便是理想的環境。

人與人之間也是一樣，必須靠溝通，來預防一些不好的問題。事實上，人們之間的關係總會產生某些問題，經常是由於一方或雙方無法說出他們的想法和感覺，結果就是，氣憤和怨恨被建築起來，直到某一方的脾氣爆發出來。如果我們學著去溝通，委屈可以在還不嚴重的時候，就被化解了。對我們所愛的人表達我們自己，並且能夠聆聽別人告訴我們的有關他們的感覺。

◆不要在人與人之間築起一道牆

一個單刀直入的問題是：當你面對一個陌生人時，如何與之交流，從而在迅速瞭解了他的同時也給對方留下深刻印象？這也許是在進行雙方交流之前的第一步，但顯然是最為關鍵的一步！你該如何進行溝通。

現實中的你是不是覺得自己常常會陷於一種不被理解的交際困境，從而引發對工作的厭煩？其實不僅僅是你，也不僅僅限於工作，對任何人、任何時候、任何地點來說，有效地進行人際溝通都是非常關鍵的。現實中，真正使人和人相互之間的溝通產生問題的原因通常在於：

人們經常是聽而不聞的，我們聽著別人說話，可是並沒有真正聽懂或聽進去。

我們說什麼並不重要，別人聽到什麼才真正重要。

事實告訴我們，交際困難是不可避免的，所以我們側重在如何解決，而不是逃避！你在各種困境中將擁有許多的解決方式可以選擇，以提高自身的影響力和親和力。同時，你還可以充分利用語言溝通化解矛盾，處理以至修復因言語失誤帶來的問題以及溝通中出現的其他困境。對此，韋恩·本寧頓為我們提供了最好的方法，「與人溝通，最難的是理解對方的觀點、背景和思維方式。知道這幾點之後，你就可以避免許多溝通困難。」莎士比亞還對我們說過：「傾聽每個人的談話，但少開口。」

溝通是團隊的生命線。人與人之間像有一堵無形的牆，阻隔著人與人之間的資訊暢通。它與文化背景、性格、氣質、環境、職務和年齡等各方面的影響有關。東方人的隱晦、含蓄更使溝通顯得有「距離感」。其實，每個人的內心深處又渴望著交流和溝通，這對抵牾要靠我們互相之間的不懈努力才有所融合。社會上成功人士儘管有不同的性格、氣質等，但他們的一個長處是善於溝通。

溝通是人與人之間的情感交流，是作為社會人的重要素質之一，現代人不僅要有獨立性。而且要有團隊精神，人類不僅要有競爭，更應當有合作。只有學會溝通，才能更好的溝通，只有成功的溝通，才有好的合作，只有好的合作，才使團隊具有強的生命力。

除非你擁有有效溝通的能力，否則無法達至你的人生目標，無論這個目標是事業上的還是個人生活上的。而人際溝通的要義即在於理解二字。所以說很多人都同意這樣一個觀點：自然經濟的年代，酒好不怕巷子深，商品經濟的現代，酒好還須勤叫賣。

A在合資公司上班，覺得自己滿腔抱負沒有得到上級的賞識，經常想：如果有一天能見到老總，有機會展示一下自己的才幹就好了！

但是每次都很難見到老總。

A的同事B，也有同樣的想法，他更進一步，去打聽老總上下班的時間，算好他大概會在何時進電梯，他也在這個時候去坐電梯，希望能遇到老總，有機會可以打個招呼。可是當他真的見到老總的時候，竟然面紅耳赤，不知所云。

他們的同事C更進一步。他詳細瞭解老總的奮鬥歷程，弄清老總畢業的學校、人際風格、關心的問題，精心設計了幾句簡單卻有分量的開場白，在算好的時間去乘坐電梯，跟老總打過幾次招呼後，終於有一天跟老總長談了一次，不久就爭取到了更好的職位。

有些人因為光想不做而錯失機會，而有些人創造了機會，卻又讓它溜走，而只有成功者才會在創造機會的同時善於利用溝通抓住機會，這溝通二字，並非紙上說說而已。

既然如此，那麼我再把著名交際訓練師戴爾•卡內基的幾條溝通啟示與你分享：

成功的溝通的先決條件是和諧的氣氛。

尊重對方溝通的權利。

別人防範你是因為你強迫人家跟隨你自己的一套價值、目標的結果。

學會有效地與人交流是很費時的。如果你自己經驗不足，開頭會覺得很難。你可能會犯錯誤，但你會逐步提高。在學習過程中要記住，如果你願意說：「對不起，剛才我錯了。」大部分與人溝通的問題是可以很快解決的。而你確實擁有與人有效溝通的能力之後，在你面前會出現一個新世界。你能去你以前認為不能去的地方，做你以前認為不能做的事情。你更有本領使別人積極行動起來，帶領他們一塊前進。

第五篇

守候財富的黃金法則

1 你學會理財了嗎？

理財是為了達到一種自由的狀態，一種財務自由的狀態。

理財不再是繁瑣的收益率公式，它更是一種簡單的生活態度，簡單得連孩子都知道。

記得小時候，每年最能令我感到特別開心的幾天，不是考試得了第一名，而是手裡拿著壓歲錢。那些嶄新的鈔票，帶著特殊的氣味，為我換來糖、彩色口香糖和各種好玩的玩具。那時候我感到自己就像孫悟空一樣無所不能。

我們用錢換取內心的POWER，莎士比亞也說：「金錢是一個好士兵，有了它就可以使人勇氣百倍。」因為不必去向人家伸手索取，不用看別人臉色，你永遠是自信而理直氣壯的。有些人雖然對於金錢的態度很不屑，可是每天的生活卻又不能不承受金錢的壓力，特別是那些上了年紀的人，手上沒錢就等於坐以待斃。對某些人而言，金錢似乎帶有某種魔力，而對另外一些人而言，金錢卻又是慾望、驕傲、嫉妒，甚至於是輕蔑之源。

也就因為金錢在生活中扮演了重要角色，當我們覺得手頭不足時，情緒就會大受影響：焦慮、恐懼、不安、擔心、憤怒、丟臉或心慌意亂都會向我們襲來，而這還只是能說出來的一小部分而已。

不管怎麼說，似乎財大氣粗總是終極真理。

◆讓你的錢包鼓脹起來

生活中，我們經常聽說一些受薪階層的人士，每個月都在為柴米油鹽打轉，而且經常抱怨日子的捉襟見肘。甚至有些人還沒有過完半個月就把整個月的工資花光了。日復一日，陷入了財務危機。而一些收入很高的人同樣也存在這個問題，他們雖然不必為生活奔波，卻仍然存在著零星的開銷。

我不知道你有沒有注意過娛樂圈或體育界的動態，很多紅極一時的明星在輝煌的時代之後選擇了退隱，毋庸置疑，他們在其職業生涯中均獲得了不菲的收入，但是，最近這些年許多昔日的明星卻迫於財務的壓力紛紛選擇復出。一大把年紀不得不和新興的勢力爭一杯羹，真是難為他們了。

實際上，在個人財務方面，很多人，不論是富人還是窮人，經常處於財務「警戒線」上。無論他們賺多少錢，都總是以掙錢的速度花掉錢。把你的財務狀況推到「警戒線」上的結果也會是一樣的，就是入不敷出。我的許多朋友都認為現在最主要的問題是辛苦工作卻永遠缺錢花所帶來的壓力。

你也許很不理解，受薪階層的人有金錢的壓力還說得過去。但是那些上述的「大人物」賺大錢，怎麼會有這方面的困擾呢？原因就在於，每個人的慾望都是無止境的。就像是農田裡面的野草，就算你盡力除草，盡力不讓它有生存的機會，它仍然得以蔓延，更何況你對它任意置之，不聞不問呢？

如果不懂得理財，即使你有家財萬貫，任意揮霍，依然在某些需要資金的時候難以周轉開來。而另一方面，如果你掌握了理財的一些基本法門，就算你只不過是個收入微薄的人也能夠擁有每天穩定、可靠的生活。

所以，每個人都需要理財的智慧，我們努力投入工作，積極爭取加薪；我們花心思動腦子去炒作股票、房地產、算計債券若干年後的回報；我們甚至想自己當老闆，哪怕只開一個小小的花店。我們不放過任何一個讓錢包變胖、變胖、再變胖的機會。當一個人說他不想生活得寬裕一些的時候，多少顯得有點吃不到葡萄的矯情和酸氣。即使你說對生活的要求很簡單，那也是一種高品質的簡單吧！

理財這種觀念不分年齡層，從四歲到八十歲，隨時都可以開始理財生涯規劃；理財也不必高收入的人群，月薪不到三萬元的人，也可以有自己的理財規劃。

著名理財專家羅伯特清奇告訴我們：對成年人而言，把支出維持在低水平，減少借款和勤勞地工作會幫你打下一個穩固的資產基礎。對還沒有自己房子的年輕人來說，明白資產和負債之間的區別，使自己在離家、結婚、購屋、有孩子、在高風險的金融交易中下注或依附於工作和貸款買任何東西之前建立起堅實的資產基礎，這是非常重要的。

◆理財的黃金守則

看到了吧！其實理財是很簡單的。

無論如何先讓你的錢包鼓脹起來，在制定任何預算時，你應先從所得當中取出一定的百分比作為儲蓄。不斷增長的儲蓄，是你驅除對於貧窮恐懼的重要武器。如果你遭遇逆境或生病時，足夠的儲蓄可使你有相應的能力來應對這些困難，而無須太過擔心，並且你也會因為沒有這層擔心而使心情舒展，儘快越過險阻。所以，解決錢包空空如也的一招就是：賺進十元最多只花九元。實際上對於不富裕的你多花十分之一少花十分之一，生活狀況並沒有太大的區別。

把你的所得在儲蓄、日常開銷和娛樂費用之間分配。你可能會發現周圍環境常常使你的預算不夠用，但是千萬不要讓這些額外的開支使你不知所措，用自律來規劃你的習慣，一切就會逐漸適應。

讓自己成為多金的人。用每一分錢，讓它們像農田聚集作物一樣，輾轉生出利息，幫你帶來收入，使財富源源不絕流入你的口袋。不要太信任你自己的智慧，而將財富投入陷阱，寧可和這方面經驗豐富的人多商量。

增進你的能力和知識，培養自己的知識結構，研究智慧，成為擁有更多技巧的智者，同時表現出自重的行為。如此一來，你將充滿自信，實現你縝密的理財計劃。從而保障現在以及未來、自己以及家人的生活。

這世界變化快，明天只有靠自己，我們渴望的詩情畫意的浪漫最終離不開金錢的墊底，學會理財就成了我們每個人的生存技能和最疼愛自己的生活方式。只要你每天抽出幾分鐘，參照成功人士的行為修正理財的思路，堅持下去，將會獲得完全不同的美好結局。

2 不要為金錢工作

不要讓錢成為自己的主宰，也不要讓錢控制自己的靈魂與情感，而是要成為錢的主宰，自己控制自我的情感與靈魂

◆錢是賺不完的

從小父母親總是教我們：「要好好念書，將來找份穩定的工作。」但絕大多數奉行父母教誨拿到學位，進入社會一輩子努力打拼的上班族，終其一生卻仍無法跳脫為錢工作的枷鎖，無法得到真正的「財務自由」，很重要一個原因是：他們陷入了一個思維的定式，人是為了金錢才工作的，如果不是為了賺錢，我們就可以不工作了。

這個邏輯正確嗎？

錢是永遠都賺不完的，錢是永遠都賺不夠的。所以，如果你抱定了這樣一個信念，你這一輩子就會永遠背負著這個重擔，成為錢的奴隸了。羅伯特在《窮爸爸．富爸爸》一書中反覆強調的「財務自由」實際上包含了很重要的一點，不要為了金錢而工作，錢是用來為你的幸福生活服務的、為你的理想服務的。

對於大多數人來說，實際上財務自由是我們的一種奮鬥目標。其實也就是做一個富有的無業遊民的意思。你可以做你想做的事情，和你相愛的人在一起，陪著他，而不必擔心生活的壓力。

如果你偏偏很固執的認為：不為金錢工作，我為什麼工作？我吃什麼穿什麼？那麼我先讓你來看一份規劃，看看你這樣工作究竟能不能賺到足夠的錢。

一個人到底要多少錢才夠過一生？答案是，五千一百五十萬元。這還只是和平年代排除風險及不明朗因素得出的最低限額。

買一棟一般的房子，包括裝修大約五百萬元。我想，五百萬能解決的房子，一定位於郊區。

買一輛還算安全的車約六十萬元。一輛車的使用期頂多十年，三十年就得買三輛車，加上維修保養、稅金兼罰金，至少二百五十萬元。

養一個孩子，從呱呱墜地，到大學畢業，要五百萬元。五百萬是把一個智力正常的孩子養到僅可自食其力的年齡，不包括出國深造，也不包括學習鋼琴、繪畫、舞蹈、球類、南拳北腿、電子遊戲……

孝敬父母要六百萬元。因為一對夫妻要養四個老人，按每月給每個老人二萬元計算。但如今老年人即使活不上一百二十歲，活個八十、九十毫無問題，只孝敬三十年，恐怕會落個晚「孝」不保的罪名。

全家開銷二千四百萬元。也就是每個月的花費是五萬元。一家五萬元，管住了溫飽和低層次的社交，再交上水電、瓦斯、電話、社區管理費，剩下的錢至多只能偶爾喝下午茶了。每週的運動只好選擇家庭體罰式的運動，如拖地板、搖呼拉圈、跳跳繩，或者乾脆爬樓梯，否則不夠開銷啊！上了歲數就到花園或樓下的空地去，跟著大夥學外丹功，打太極拳，最要緊的是清心寡欲。

休閒費三百萬元，一年十萬。如今一年的雙休日加節假日，累積一起竟然有一百二十多天，大約是全年的三分之一，休假日就要消費。一家三口看看電影，出去走走，十萬元就不見了。台灣雖然不大，這每年十萬的「出去走走」，實在是走走市郊而已，別說跨出國門，就連遊樂園、風景區等等，也可望而不可及。

退休養老五百四十萬元。這一條更重要，假設退休後只活十五年，每月老兩口只花三萬元。萬一活到十六年以上，晚糧就難以繼續了。

由此，每對夫妻月收入不能低於十四萬元，而大部分的夫妻月收入夠嗎？你若是單身怎麼辦？資金的缺口是多少，算清楚了嗎？那麼，夢想的缺口又如何計算呢？

更可怕的是，每個人的人生有效期，只有三十年！

有什麼感想，是不是有些心灰意冷，可是千萬不要這樣想。其實，這樣的計算就是為金錢工作的思維發揮到極致而做出的答覆，你看，在這種思維模式下的計算是多麼的消磨人的意志，打消人的積極性啊！其實，只要你轉變一下思維，不要想著為金錢而工作，只是想想未來你要達到什麼樣的目的，工作儘量選擇自己喜歡和擅長的方面，一切就會很好解決，這時候你就會想到，工作是永遠都補不上資金的缺口的，工作是為了滿足其他方面的追求的，所以你就必須放棄為金錢工作的念頭，想辦法不工作也會有一個現金流的來源。

也許你會問，哪有這麼好的事情，這不是異想天開嗎？我要告訴你，其實基本上我們每個人不都有這樣的情況嗎？你是不是在銀行有一些存款？每個月的利息是不是不用你勞動就生出來了呢？只不過我們現有的這種方法生利太少，不足以維持我們的生活而已。但可以說明一點，這種方式絕對是存在的！怎麼做？就是投資。錢少了有少投資的方式，錢多了有多投資的豪邁，無論如何，你都會從中獲利。直到有一天，你的投資利潤可以維持你美好的生活，你就成了一個富有的無業遊民。這是一個基本的思路。這是放棄為金錢而工作的思路之後的一個新境界。

◆財務的最大觀念就是錢爲自己工作

比爾・蓋茲就曾經說過，「賺錢對於我來說已經沒有太大的意義了，而我拼命工作的目的只不過是為了專心打造我的微軟帝國。這是我的理想。」對於這些成功人士來說，錢已經成了一種數位的符號。每秒鐘錢都會不由自主地流向他們的帳戶。所以，對於他們來說，也根本就不在乎為金錢而工作。而是為了其他一些他們認為更加值得追求的東西。所以他們覺得工作是一種樂趣。

實際上，翻看他們的經歷，他們的思想歷程，這些大人物也都經過同樣的思維階段。最初的時候，蓋茲也是同樣報了賺大錢的目的才拼命工作，廢寢忘食的。而今他們放棄了這種思維，我們為什麼不和他們一樣在這方面的思想上有一個成長呢？而且我相信，比爾・蓋茲之所以能夠成就今天，應該和這種思維的轉換是密不可分的。否則他就永遠只是一個小企業主了。

實際上，當你擺脫了為金錢而工作的思維定式，整個人的思想就會活躍起來，整個人的人生目標就會明朗起來，你就會更加客觀更加以一個局外人的眼光來看待自己的處境，分析自己的背景、能力、關係網。就會有效的利用自己現有的東西謀求更好的出路，就會想到投資這一利器，從而逐步達到財務自由的情境。否則的話，你就會陷入思維的誤區，越纏越緊，甚至不會有多餘的思想來考慮自己的未來和下一步的打算，這些令你疲憊不堪的工作已經占滿了你的整個腦細胞，你不會再有多餘的精力來考慮，你就會一點機會也沒有。

就像是上個世紀大多數中國人一樣，在臨死的時候終於慨嘆一句：「忙了一輩子，終於買了一棟房子了。」這又是何必！我在前面已經說過，建立從內心開始，如果你的內心世界已經被固有的誤區充斥，正確的理念、新式而有效的方法怎麼會湧現的出來？

3 讓金錢爲你服務

凡是發現了以金錢為獲利工具且善加利用的聰明主人，金錢將殷勤且甘心為他工作，而且獲利的速度遠比薪水要高出好幾倍。

財富就像一棵樹，起初也是一粒小小的種子，然後逐漸成長茁壯的。你所擁有的第一個銅板就是種子，它將來會長成財富這棵大樹。你越早播下種子，就會越早看見這棵樹長大。你越是勤懇地不斷用存款來培育、澆灌，就能在樹蔭下更早的乘涼。

◆錢生錢的戲法

當你沒有錢的時候，你不僅要節約儲蓄用來保證生活，更要讓你積累下的金錢為你服務，透過它來生錢。鼓鼓的錢包當然令人得意，但是這樣下去，除了成就吝嗇鬼和守財奴之外，它幾乎不會做其他什麼好事。我們從收入裡把金子省了下來，這只不過是走向成功的第一步而已。財富的基礎，建立在用這些儲蓄去賺錢上。你所儲蓄的每一塊錢，都將是能為你賺錢的奴隸。每塊錢透過流通所賺得的錢則是它的孩子，這些錢還能替你再賺些錢進來。如果你想成為富有的人，你就要想辦法讓所存的錢生錢，再讓這些儲蓄金的利息也能賺些小錢。所有這些大錢小錢都有助於你得到渴望的財富。

只要你付出努力，財富當然會增長。比如說，一個富人給自己蓋了一棟豪華的洋房，難道他蓋房子花掉的錢就憑空消失了嗎？當然不是，磚匠、建築工人、設計師都會因此獲得收入，所有為建造這棟房子而辛苦勞動的人，都會得到一份富翁投資蓋房所用掉的錢。房子蓋成以後，難道房子會平白無故貶值嗎？通常情況下，難道佔用的地皮不會因為這棟房子而升值嗎？同樣道理，豪宅四周的地價不也應該隨之增長嗎？財富的增長方式是很奇特的，誰也不能預知它的極限。

一個人是不是富有，並不看他錢包裡有多少個銅板。財富意味著逐漸增加的收入、源源不斷的財源和始終飽滿的錢包。不管是你們，還是所有世界上的其他人，都希望自己無論在家工作還是出門旅行，都會有持續不斷的收入流入錢包裡來。

起初，你能投資的範圍可能很小，而且受到很多的限制，但是你一定要堅持不懈，俗話說：車有車路，馬有馬路。你的每個階段都有不同的生錢方式，只要你能夠抓得住，不放鬆，那麼羊腸小徑也能走向勝利。當你的財富不斷增長，能往外投資的錢和投資規模都會不斷擴大——當初只夠投資給一些人，到後來能投資給很多人。你的投資思路就會越來越開闊，金錢更是會滾滾而來。這就叫「做大做強」。

富蘭克林在一七四八年寫了一本書，名為《對青年商人的忠告》。這本書討論到「借用他人資金」的問題：「記住：金錢有生產和再生產的性質。金錢可以生產金錢，而它的產物又能生產更多的金錢。」富蘭克林又說：「記住：每年六鎊，就每天來說不過是一個微小的數額。就這個微小的數額說來，每人都可以在不知不覺的遭遇中把它浪費掉，一個有信用的人，可以自行擔保，把它不斷地累積到一百鎊，並真正當作一百鎊使用。」富蘭克林的這個忠告在今天具有同樣的價值。你可以按照他的忠告，從幾分錢開始，不斷地累積到五百元，甚至累積到幾萬元。

所以，我們都要懂得一點，讓金錢做你的奴隸，而且要讓所有你賺來的錢都為你服務。

照著這個思路這個方式走下去，終有一天你就會成為一個富有的人，到了這個時候，除了不斷的讓你的金錢僕人為你賺錢、自己享受財務自由之外，你還要懂得支配金錢，利用金錢來達成你的目的。而不是做一個吝嗇的守財奴。你想想，錢是為人服務的，人不是錢的奴僕。

許多人終日為錢奔波，即使到了有錢的那一天，也從未真正地享受過錢給他帶來的樂趣。那麼終其一生賺錢又是為了什麼呢?金錢既然是一種工具，用之有道就必然會提升你人生的樂趣和品味。無形中獲得了更多更好的東西。

◆用錢做你想做的事

石油大王洛克菲勒熱中於捐助慈善事業，在幫助了別人的同時也提高了自己的名望和人生價值。而在洛克菲勒基金會成立後，基金負責人蓋茨憑他的牧師的神聖靈感和商業的敏銳性，已預見到了洛克菲勒的慈善事業可能產生的國際影響了。出於商業和殖民統治的考慮，一九一四年，蓋茨也建議創設中國醫學會，並擬訂計劃在中國北京建立一些現代化的醫學院。於是，北京協和醫學院和協和醫院誕生了。小洛克菲勒親自到北京參加了落成儀式的典禮，並在演說中稱它是「亞洲第一流的醫學院」。這兩座先進的醫院為中國人民帶來了健康的福音和曙光。對於它們的創始人來說，這些投出去的錢和他們獲得的名譽、殖民利益等等無形資產相比來說，毫無疑問達到了更加完美的豐收。錢在他們的手裡十分聽話。就像是以身使臂，以臂使手那樣從容老到，指哪打哪，充分完成了他們的目的。

更何況，我們既要在現實中掙扎辛勞，又要尋求內心的溫暖，既要適應嚴酷的商業世界，又要面對許多無法用金錢來衡量的心靈需要。現代人的生活越來越紛繁複雜，我們到底要怎樣才能得到寧靜和幸福？

也許你嚮往陶淵明，但並不需要歸隱山林，金錢要賺，股票也還是要做的，只是在勤學苦練掌握了基本功之後，應該給自己跳脫金錢、開闊心胸的機會，在利率、股價升升跌跌或賺或賠的時候，多想一想讓金錢為你服務而不是你為金錢服務的道理，心會更坦然一些。

4 最基本的投資原則

投資的最大原則就是儘量避免不必要的風險。

◆你能回答這些問題嗎？

如果有一天，你在亞馬遜叢林裡迷了路，舉頭只見濃葉蔽天，使你認不出太陽的方向；森林地又是一片平坦，沒有讓你可以四眺的高山；加上亞馬遜叢林是廣達七百零五萬平方公里的蠻荒，你要怎麼找到逃出叢林的路呢？

如果有一天晚上，你在電影院、辦公大樓或超級市場這類的寬廣建築物中碰到了火警，所有的電燈突然熄滅了，人們在黑暗中狂奔尖叫，你要怎樣找到逃生的路？

如果有一天你在登山的途中遇到大雨，而山洪暴發，只見洪流從山上滾滾而下，你正置身半山腰，該怎麼辦？你想到從樹幹上的苔蘚和年輪分辨方向、想到在地上爬行以免被濃煙嗆暈、想到抱緊大樹，以免被山洪沖走，答案都沒有錯，卻差在你沒有說出最要緊的應變原則。也就是說，所有的小舉動，都應該在哪個大原則的指導下進行；你提出了戰術，卻沒有提出戰略。

現在讓我告訴你，專家們建議的基本原則：

在廣大的叢林裡迷路，如果沒有指南針或辨別方向的可能，走出叢林最好的方法，是順著小水流前進，從小流走向小溪，從小溪進入小河、轉入大河，最後自然會流向江海，逃出叢林的圍困。

在黑暗的建築中，找出逃生之路的最好方法，不是東跑西撞地狂奔，而是朝固定的方向一直走，自然會碰到牆，再沿著牆一步步朝同一方向摸索，自然可以找到逃生的門窗。

在山洪暴發的半山腰，逃避的最高原則，是絕不能往山下跑，因為愈向下，山洪匯集得愈多，夾帶的砂石也愈多。唯有朝山頂的方向前進，才能減少山洪的威脅。所以登山家有句名言：「沒有一個山頂，會有所謂的山洪。」

如同上面所說的情況，我們在面對日常財務和投資的時候，也有許多「基本的原則」，它們聽來非常簡單，卻可能帶給你最大的希望。在你的心中，知道多少這樣的指導原則？使你在投資的關鍵時刻，可以立刻做出正確的抉擇。

如果你手頭拮据，就請借用他人的資金。

「商業？這是十分簡單的事。它就是借用別人的資金！」小仲馬在他的劇本《金錢問題》中這樣說：「是的，商業是那樣的簡單，借用他人的資金來達到自己的目標。這是投資的一條基本原則。」羅伯特也說：「真正的投資是用別人的錢為你賺錢，用別人的時間為你賺錢，用別人的智慧為你賺錢，用穩健投資創造永恆的價值。」當然，借用「他人資金」的前提條件是，你的行動要合乎最高的道德標準：就是誠信。我想這一點用不著多說，你和我都明白，「人無信不立」。

現實生活中，我們還常常聽到這樣的消息，大學生創業手無寸鐵，他們有的只是知識，所以他們往往求助於風險投資家，這就是資金股＋技術股的良好結合。美國矽谷周圍盤踞著這樣一大批的風險投資，也成就了無數ＩＴ界的奇蹟，就是一個很好的說明。

謹慎投資，尋求獲利性的投資。不要太信任你自己，而將財富投入陷阱，寧可和這方面經驗豐富的人多合作。

做麵包的師傅仗著自己讀過一些珠寶雜誌，偏要投資於珠寶行業，只能是紙上談兵的失敗。如果你對於所要投資的領域很陌生，最好放棄這個計劃或者找一個值得你信任的專業人士合作。否則，你辛辛苦苦積攢的錢就會像打了水漂兒那樣無影無蹤。在自己不熟悉的行業上投資，或是在投資老手所不贊成的用途上進行投資的人，都將使黃金溜走。凡將黃金運用在不可能的利得上，以及聽從騙子誘人的建議，或憑自己毫無經驗和天真的投資概念而付出黃金的人，將使黃金一去不復回。

不要把雞蛋放在一個籃子裡面，但也要集中投資。

把雞蛋放在一個籃子裡的結果就是，如果你不小心打翻了你的籃子，你就一無所獲了。投資最大的敵人就是風險。我們知道，風險是不可避免的，世界上的事情就是這樣，有利必然就有弊。所以，假如你將所有的雞蛋分散在幾個籃子當中，即使其中一個籃子的雞蛋蕩然無存，你也會有另外籃子的雞蛋最終會孵出小雞來。

但是，還有一點同樣也是相輔相成的。如果你的分散太過隨意。你一共只有一百元，卻投在了一百個地方，一個地方只有一塊錢。根本就沒有規模效應。「五指之更彈，不如團指之一擊」。

通用電器的創始人托馬斯·愛迪生、微軟的創立者比爾·蓋茲、從漢堡轉向房地產的麥當勞創始人雷·克羅克等，都是很好的例證。他們汲取的不同行業的投資經驗，但最終卻發展了相同的戰略思想：愛迪生不追求平衡，他集中精力於某樣東西；比爾·蓋茲也不追求平衡；索羅斯把注意力緊緊盯在一點上；喬治巴頓從不會把他的坦克部署在很長的戰線上，而是把坦克集中起來攻克德國防線最薄弱的地方，與此相反，法國人佈置了漫長的馬奇諾防線，其結局眾所周知。如果你有致富的願望，你必須集中精力，應該把你的雞蛋分散放在合理數量的較少籃子裡。這才是明智之舉。

不要小富即安

人們常說「知足常樂」，卻很少想到，知足常樂是建立在有保障的基礎上，是安全的，它和那種小富即安的惰性思想並不相同。小富即安是沒有保障的，是不安全的。你可以試著問問自己下面的問題：

你有持久穩定的經濟來源嗎？

你可以應付家庭中突發的災難嗎？

你有足夠的撫養孩子、孝敬父母以及養老的財產嗎？

經濟持續低迷你能承受嗎？

當你還沒有做到這些，你憑什麼說自己已經「足」了呢？有什麼資本說自己可以「安」了呢？生活的道路上，你還需要不斷的打拼才是啊！要知道，生命在於運動。

讓我簡單地以最重要的這句話作為本章的結束吧：改變信念、學會投資，這在人生旅途中是個極為可貴的經驗，下定決心去做吧！

「行善和充實自我乃是人生最好的投資。」

——惠特曼

5 你處於哪個象限？

時時刻刻別忘了認識你自己！

當下，象限似乎是一個很流行的辭彙。這個原本只是在數學課本上盤踞的概念被引用到了生活的各方面，可是偏偏怪了，它就是能夠簡明而準確的說明一些重要的事情。也許是它延續了數學思維的簡單和縝密吧！人們對它的垂青也就不足為怪了。

實際上，物以類聚，人以群分，每個人總是要歸入不同的類別的。象限的說法方便了人們的這一自我定位。所以日益受到了大家的關注。想必你已經從鋪天蓋地的報紙以及其他傳媒方式中發現，現在最流行的象限莫過於兩個。一個是財富的象限，一個是性格的象限。在這兩個生活的層面上。這些象限將人們做了分割，歸入了不同的區域。我想，這一時間是時候該找回自己在各個方面的真實定位，照一個明明白白的鏡子了。

◆財富的象限

《窮爸爸．富爸爸》中提到過一種現金流象限，一共四個象限，用來形容人的收入來源，右上角是Employee即為別人打工，左上角是Self-employed亦即自己為自己打工，例如自己開個飯店什麼的，左下角是Business owner即實業家開公司，這是那種老闆不在公司也能運作良好的企業，右下角是Investor就是投資家，總歸來說，左邊的是靠自己的勞動來獲得收入，並且一般來說越忙錢越多，左下角的老闆呢？是靠別人的勞動獲取收入，右下角的投資家是靠錢來獲取收入，一般來說是越閒錢越多，我想我們應該經常想想這個象限，努力的讓自己從上邊挪到下邊，不容易啊！不過覺醒了比不覺醒好，有句歌詞說得好：有夢就有希望……

第一個象限：Employee（雇員）。這類人沒有自己的資產，只能依靠雙手為自己所在的企業勞動才能生活下去，一旦失去勞動能力被企業解雇，後果難以想像。大多數人目前就處於這個象限之中，對此肯定深有體會。

第二個象限：Self-employed（自由職業者）。這類人同樣沒有自己的資產，只是具有較為高超的個人技藝，不願為他人所用，依靠自己的獨特才能立於世間。說實話，這類人過得也很艱難，我現在就屬於這個象限，靠寫作為生，過得倒還可以，寫得好的比第一象限的好很多，寫得不好根本就無以立足。

第三個象限：Business-owner（企業所有人）。這類人有自己的資產，知道利用別人來為自己牟利，當然他生活的風險也很多，搞不好會破產。但是透過不斷探索，他們會生活得很好。

第四個象限：Inverstor（投資者）。這類人有自己的資產，而且善於運用自己的資產投資於有穩定收益的領域，他們同樣面臨風險，但是如果風險可以控制在可以接受的範圍之內，他們就是成功的投資者。

朋友們：你目前處於哪個象限呢？

可以肯定的是，不同的象限人物在成功的道路上有著不同的起步姿勢。如果你擺不好這個姿勢，你就會在起跑的時候跌倒。這就是所謂的「自知之明」。跟成功的象限規則合作，你能夠在人生道路的每一階段都能賺到錢。

E：重視儲蓄，做好你的本職工作，爭取攢到足夠的錢邁向下邊的象限。

S：你學會某種技能技巧成為營養講師、美容講師、培訓專家，你更有機會掙得高收入為以後的轉型做準備。

B：你把你的團隊用累積的經驗做大，穩定住十年不敗，你可以有一份不在職收入。逐漸就可以淡出向第四象限過渡。

I：有了錢以後，你透過資金、不動產的投資組合，使你的投資升值。

在這裡最高境界是你能同時在四個象限中賺到錢，這是最好的。

◆心理學象限

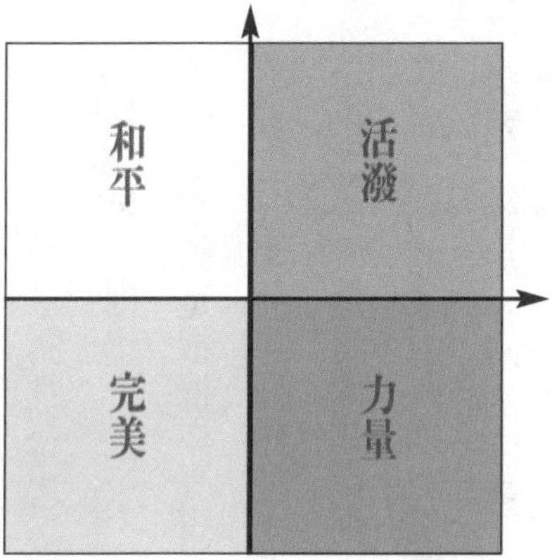

在心理學方面，也存在一個象限的概念。弗洛倫斯・妮蒂雅（Florence Littauer）深化了希波克拉底的氣質理論體系，將性格納入了氣質的框架之中。在發展性格理論的過程中，她沿用了希波克拉底對於四種基礎氣質（即血液、粘液、黃膽汁和黑膽汁）的學術稱謂，製作了性格象限圖，為了使這些術語變得更易於理解，她為每一個名稱都加入了一個修飾詞，它們是：活潑、力量、完美、和平。這樣就形成了對性格更加完整的描述。讓我們利用她的模型更進一步看看你性格的精確定位吧！

性格象限圖是根據你真實性格的分類生成的準確座標。圓點代表你的性格定位，看看自己屬於哪種類型，活潑、平和、完美型還是力量型？橫座標可以顯示出你是率直果敢還是優柔寡斷。縱座標軸表示你是感性還是理性的人。

其實，兩個象限圖的完美匹配就是最完美的定位組合。因為性格決定命運，性格決定了你起步時的狀態，所以你在財富象限的進一步行動就要遵從這個特點。我們的目標都是一致的，都是一個，最終成為富有的無業遊民。就是進入財富的第四個象限。但是達成的路徑卻是千差萬別的。你是直接從E到I呢？還是繞一個圈子呢？顯然，每個人都有自己不同的想法，都有適合自己的道路。我們一定要找到自己的真命之路，不然就會多走彎路，你同意嗎？

6 爲自己建立財富的管道

今天，成為一名百萬富翁是一種選擇，而非機會。

十九世紀初，美國的三藩市發現了黃金！大批夢想著發財的人湧向那裡，所以今天那裡又被稱為舊金山。每個人都想淘得自己的一桶金。當時，那裡不分種族、不分國籍，匯聚了許多國家的人。起初，人人都在做著相同的事情，就是買好工具，進入礦山篩煉金沙。但是，後來人們才發現，黃金畢竟還是有限的。

許許多多的人的夢想開始破滅。有些人只好拖著疲憊的身軀離開了三藩市，他們到了其他的城市，事實證明，他們並沒有白來一趟，當時美國正是一個新興的工業國家，機會眾多，許多地方都有發財的基礎。於是，這些人中還是有很多成了後來的成功者。在沒有出產黃金的地方淘得了人生的第一桶金。

而剩下的人繼續留在舊金山，其中有一部分經過不懈的努力和經驗的累積，終於發現了黃金，他們的汗水也得到了回報，他們把這些黃金帶回家鄉，用於不同的途徑。開創了個人不同的一番天地。

又有一些人，沒有淘得黃金，也沒有斷然離開舊金山，而是就地安頓了下來，甚至還在這其中發現了其他的賺錢法門，比如，有一個小伙子在淘金失敗以後，發現工人們在礦井中匍匐工作很長時間，褲子磨損很大，於是就將結實的帳篷剪裁成褲子賣給這些淘金工人。結果沒想到一炮走紅，變成了家喻戶曉的時尚——牛仔褲。他也因此獲得了巨大的成功，成了「此路不通彼路通」的經典案例。而且，礦井周圍的餐館、旅店等等設施都為他們的主人帶來了巨大的收益。

可以說，許許多多的人抱著相同的發財夢想，為自己開闢了不同的致富路徑，挖掘了不同的財富管道，最終都獲得了數不勝數的黃金。

大家從這裡不難看出，無論從事商業貿易，還是出賣個人勞動，都可以讓人賺到錢。更進一步說，各種賺錢的方式都是財富的管道，是你們將勞動換成金子並流入錢袋的管道。只是流入每個人錢包的金子數量不同而已，這就要看你們的管道口徑有多大，你們的本事怎樣了，是不是這樣呢？

有誰願意讓自己的收入翻一番呢？相信所有的人都不假思索做肯定的回答。

我可以很高興的告訴大家，只要你的壽命足夠長，我就能保證每一個人的收入都增長一倍。如果你的收入以通貨膨脹的速度遞增，即大約3%，那麼你工作二十～二十五年以後，你的收入毫無疑問會翻一番。

所以，收入翻一番並不是問題的關鍵所在。關鍵在於，你如何儘快實現這一目標。

你的生命何其寶貴，你不應該聽天由命、隨意浪費。你最大的責任就是按照自己的理想去規劃未來，把握命運，讓你的人生精彩紛呈。只要找準了你自己的管道，發揮你自己的優勢，你就能夠無往而不勝，記住，條條大路通羅馬。最要緊的就是你要找到一條適合自己的路——其實一條就已經足夠。

結語

◆心動就要行動

一滴水就能映射七色的陽光，一根手指就能指明前進的方向，一盞明燈就能為夜行人照亮行路的目標，一句良言可以引發千萬人的思考，一本好書可以改變千萬人的命運。

看完本書，當我們一同走完這段心路歷程，如果你和我一樣，你一定會急於知道結果。一旦你決定去做一件自己從未做過的事情，你就想要儘快開始，尤其是自己創建未來這樣重大的事情。很好，我們就應該這樣做。

有一則寓言也許能幫助你進一步瞭解人生。

在義大利威尼斯城的一座小山上，住著一個天才老人。據說他能回答任何人提出的問題。

當地有兩位小孩愚弄這名老人，他們捕捉了一隻小鳥，問老人：「小鳥是死的還是活的？」

老人不假思索地說：「孩子，如果我說小鳥是活的，你就會勒緊你的手把牠弄死。如果我說是死的，你就會鬆開你的手讓牠飛掉。你的手掌握著這隻鳥的生死大權。」

這個故事沒有一絲渲染，也沒有一絲保留。你手中握著失敗的種子，也握著邁向成功的潛能。你的手有能力，但是必須用到正當的地方，才能得到應有的報酬。

現在，我的朋友，不管你是在決定的山谷或是在猶豫的丘陵，或許你的職業和生活相當順利，或許你的生活正處於低谷，我都要提醒你繫緊安全帶，因為你是在前往高峰的旅途中。這是一段很刺激的旅程，比恐怖電影還要緊張懸疑，比莎士比亞的戲劇還要曲折離奇，比西部武打片還要驚險刺激。而且比馬戲表演還要精彩有趣。它到處充滿了愛與歡笑，並提供比所羅門王寶藏更多的真正報酬。總之，你已看完了實際上關係著你未來的這本書。

我相信，你已經肯定你能獲得你想要的事物，而不是空想已經擁有的事物。當你相信以後，成功就變得容得多了。因為你已經走上相信之路，也就是你已經步入正軌了。

成功不是等待。
如果遲疑，
她會投入別人的懷抱，
永遠棄你而去。
此時—此地—此人—
現在就付諸行動！

生命的最佳句點不是知識而是行動

——湯馬斯

國家圖書館出版品預行編目資料

學校老師沒有教的 36 堂人生課／夏欣著.
初版－－ 台北市：宇河文化出版；
紅螞蟻圖書發行，2004〔民 93〕
面　　公分，－－(森心靈；3)
ISBN 957-659-442-1 (平裝)

1.生活指導 2.修身
177.2　　　　93010599

森心靈 03

學校老師沒有教的36堂人生課

作　　者／夏　欣
發 行 人／賴秀珍
榮譽總監／張錦基
總 編 輯／何南輝
文字編輯／林芊玲
美術編輯／陳慧欣
出　　版／宇河文化出版有限公司
發　　行／紅螞蟻圖書有限公司
地　　址／台北市內湖區舊宗路二段 121 巷 28 號 4F
郵撥帳號／1604621-1 紅螞蟻圖書有限公司
電　　話／(02)2795-3656（代表號）
傳　　眞／(02)2795-4100
登 記 證／局版北市業字第 1446 號
法律顧問／通律法律事務所　楊永成律師
印 刷 廠／鴻運彩色印刷有限公司
電　　話／(02)2985-8985・2989-5345
出版日期／2004 年 7 月　第一版第一刷
　　　　　2005年5月　第一版第二十刷

定價 240 元

ISBN 957-659-442-1　　**Printed in Taiwan**